OKR
源于英特尔和谷歌的目标管理利器

OBJECTIVES AND KEY RESULTS
Driving Focus, Alignment, and Engagement with OKRs

[美] 保罗 R. 尼文（Paul R. Niven） 著
　　 本·拉莫尔特（Ben Lamorte）
况阳 译

机械工业出版社
China Machine Press

图书在版编目（CIP）数据

OKR：源于英特尔和谷歌的目标管理利器 /（美）保罗 R. 尼文（Paul R. Niven），（美）本·拉莫尔特（Ben Lamorte）著；况阳译 . —北京：机械工业出版社，2017.7（2023.4重印）

书名原文：Objectives and Key Results: Driving Focus, Alignment, and Engagement with OKRs

ISBN 978-7-111-57287-9

I. O… II. ①保… ②本… ③况… III. ①英特尔公司－企业管理－目标管理－经验 ②网络公司－企业管理－目标管理－经验－美国 IV. ① F471.266 ② F279.712.444

中国版本图书馆 CIP 数据核字（2017）第 135325 号

北京市版权局著作权合同登记　图字：01-2017-2018 号。

Paul R. Niven, Ben Lamorte. Objectives and Key Results: Driving Focus, Alignment, and Engagement with OKRs.

ISBN 978-1-119-25239-9

Copyright © 2016 by John Wiley & Sons, Inc.

This translation published under license. Authorized translation from the English language edition, Published by John Wiley & Sons. Simplified Chinese translation copyright © 2017 by China Machine Press.

No part of this book may be reproduced or transmitted in any form or by any means, electronic or mechanical, including photocopying, recording or any information storage and retrieval system, without permission, in writing, from the publisher. Copies of this book sold without a Wiley sticker on the cover are unauthorized and illegal.

All rights reserved.

本书中文简体字版由 John Wiley & Sons 公司授权机械工业出版社在全球独家出版发行。

未经出版者书面许可，不得以任何方式抄袭、复制或节录本书中的任何部分。

本书封底贴有 John Wiley & Sons 公司防伪标签，无标签者不得销售。

OKR：源于英特尔和谷歌的目标管理利器

出版发行：机械工业出版社（北京市西城区百万庄大街 22 号　邮政编码：100037）			
责任编辑：程天祥		责任校对：李秋荣	
印　　刷：北京联兴盛业印刷股份有限公司		版　　次：2023 年 4 月第 1 版第 21 次印刷	
开　　本：170mm×242mm　1/16		印　　张：15.25	
书　　号：ISBN 978-7-111-57287-9		定　　价：79.00 元	

客服电话：（010）88361066　68326294

版权所有·侵权必究
封底无防伪标均为盗版

Objectives and Key Results

中文版序

很高兴看到本书中文版的出版。

当前，全球企业对OKR的关注度与日俱增。虽然此前我们也曾与中国专业人士开展过多次交流，但2017年注定会成为标志性的一年。在这一年年初，我们首次到访中国，在北京、上海和深圳同部分有志于应用OKR的中国企业做过深入交流和探讨。我们一致认为：

中国需要OKR！

OKR在中国恰逢其时！

OKR对快速扩张型组织以及转型期组织帮助尤其巨大。而我们遇到的大多数中国公司都处于这种增长模式，这些企业尤其需要一个像OKR这样的批判性思维框架，以确保员工始终集中精力在可衡量的进步上。不少中国企业（规模100~100 000＋不等）已经在其业务部门或职能部门试用OKR一年多了。尽管试点规模还比较小，但已初见成效，在组织内部产生了积极而深远的影响。

虽然目前我们在中国开展OKR辅导的经验还比较有限，但我们认为，中国企业所面临的OKR挑战同全球其他企业相比并无二致，例如：

- 如何更好地将OKR集成到企业现有的绩效评估体系中？
- 如何确保OKR由高管团队来领导，而不仅仅是HR、IT或财务等职能部门自己的事？
- 在KPI已经应用多年的背景下，怎样才能更好地实施OKR？
- 可以使用哪些同时支持中英文语境的软件来跟踪和监控OKR？

在中国，我们会见了几个已经提供或正准备提供OKR功能的软件供应商。许多读者，甚至包括软件供应商自己，都在积极寻求购买OKR技术解决方案。虽然已有数十家SaaS软件公司提供了OKR解决方案，但由于它们大多部署在公有云上，很多大型企业出于安全性考虑，仍希望寻求更安全的解决方案（比如私有云部署）。随着OKR在中国的不断应用，企业对OKR软件的各类需求（包括安全性需求及本地化等）也会与日俱增。

我们认为，一旦当前几家备受尊敬的中国公司成功推行OKR，势必导致应用OKR的中国企业呈现爆炸式增长，就好比2013年Google风投发布其80分钟OKR视频一样。而现实也确实在朝这方面推进。尽管在本书中文版发行时，OKR还不太可能成为中国企业通行的目标管理框架，但我们仍乐观地预测，很多组织将会在2018年规划周期中这么做。

最后，再次祝贺本书中文版的出版，希望本书能成为OKR在中国推行的好帮手。在OKR推行过程中，如果中国企业需要帮助，我们很乐意再次回访。

保罗 R. 尼文

本·拉莫尔特

2017年3月

Objectives and Key Results

推荐序一

关注目标，聚焦操作，做好自己

当下有两种很主流的认识：一是风口论，认为即便是一头猪，只要处在风口，也会飞起来，而持有这一类认识的多是互联网企业。另一种认识是悲观论，万念俱灰，觉得最好是逃离，觉得被颠覆被淘汰，而持有这一类认识的多是传统企业。但是，这两种认识我都不认同，因为在我看来，不存在风口期，其核心还是企业自己是否具备能力，应对环境，把变化转化为机会。

经济有起有落，低潮期很常见，也是一种常态。技术与顾客需求的改变，本身就是企业需要面对的情形，唯一不同的是，这一轮的变化更加剧烈，更加不确定。就如冬天来了我们应该怎么做：是避实就虚，还是脚踏实地调养内功？不论是从责任感方面，还是从个人价值观方面，我都希望大家能够平心静气，收敛身心，抓住这个冬季练兵的好时机，优化组织架构和资源配置方式，提升运作效率和执行力，为即将到来的春夏季节的动若脱兔做好充足的准备。那么，我们该如何进行呢？

OKR 正是这样一个工具，帮助我们关注目标，聚焦操作，做好自己。OKR 原是英特尔公司用以解决目标聚焦与执行效率的工具。科技企业很大程度上依赖于研发人员的发散性创新，同时也在很大程度上难以形成对目标的聚焦和成本的约束以及执行的效率。OKR 的最大用处在于通过识别目标（O）和关键结果（KR），持续对齐，频繁刷新，从而在当今竞争日益激烈的商业环境中，让企业级的目标与部门级的目标，以及团队级甚至个人的目标保持对齐，并使行动更加敏捷，与环境保持适配，从而提升企业的经营业绩。英特尔的成就有目共睹，很大程度上来源于 OKR 及其背后的目标管理的哲学理念。因此，OKR 很快被包括 Google 在内的硅谷公司所认可并推广。本书的出版，对 OKR 在国内的企业实践是一个推动，本人乐见其成。

阅读此书得到的另一个印象，也是我特别想强调的一点，就是要选择合适的层面和合适的步骤来实施推进 OKR，这也是作者的主张。在何种层级上实施 OKR，可以是整个组织，既包括公司层面，也包括事业部、团队和个人，这是难度最大的一种终极模式；也可以不那么贪大求全，首先选择在事业部和团队层面，由部分团队先行尝试，甚至都可以不必分解到员工层面，这是一种务实的选择，也是我所推荐的方式。OKR 的引进实施是对之前业务运营方式的改革，会有很多阻力，一定要取得来自核心高管的坚定支持。先在一个比较小的范围取得成果和经验，再进一步推广到整个组织，这是我自己不断验证的有效做法，也是中国几十年改革的成功经验，对于培养人才、积累经验、消化阻力、争取支持很有用处。

作者并不主张把 OKR 作为绩效考核的工具。尽管当前的绩效考核工具如 KPI 等饱受批判，认为其遏制了创造力，催生了投机行为，扭曲了公司目标等，至少 KPI 系统被附加了太多组件以致臃肿不堪，与日俱增的复杂度确是不争的现实。但作者并不鼓励用 OKR 来代替 KPI 或平衡计分卡，本书所收集的国际公司案例也基本都没有这种考虑。他们都希望能把 OKR 作为一种纯粹的战略性效率工具，保留其鼓舞人心的勇于挑战的特质，避免与薪酬挂钩所带来的行为扭曲。这种保持过程敏捷与结果追求之间恰当平衡的观点，是非常值得我们借鉴的。

作者开篇明义："OKR 的终极目标是希望在当今竞争日益激烈的商业环境中，通过识别目标和关键结果并频繁刷新，让行动更加敏捷以适配环境需要，从而提升企业的经营业绩。"最后，我仍然强调，不需要被激烈变化的环境所频频扰动，从对商业机遇的过度关注中回归企业内部，从从容容地从核心目标、关键结果、运行效率等方面，实实在在地修炼和营运，如果可以这样去做，无论风口期与否，自由翱翔的依然是你和你的企业。

陈春花

华南理工大学工商管理学院教授

2017 年 4 月 12 日于朗润园

Objectives and Key Results

推荐序二

如何从 KPI 向 OKR 转型?

绩效管理的根本目的是不断改进和提升绩效，达成企业的使命。任何的绩效管理方式，如果不能实现这个目的，或者在实施过程中成本太大，都应该考虑如何改进。

目前在企业中最流行的绩效管理方法是关键业绩指标法（简称为 KPI）。KPI 的核心思路是从企业战略出发，由上至下层层分解目标，给被管理对象布置重要的衡量工作产出的量化指标，并和物质激励紧密挂钩。KPI 相比于更早期的德能勤绩考核方法，促进了对工作结果的考核。

然而，过度使用 KPI 会有如下的缺点：第一，被管理者变得保守，千方百计给自己争取容易完成的指标。第二，为了完成指标，被管理者不惜做出损害组织利益的行为，甚至有各种花样翻新的造假。第三，被管理者变得斤斤计较，不关心超出 KPI 范围，但是对组织有利的事情。第四，指标越来越多，变得形式化。被管理者用正确的方式去做价值少，甚至毫无价值的事情。第五，当指标设置不合理，会破坏团队合作，或者达不到管理者本来希望达到的意图。很多管理者已经认识到KPI的这些局限性，并希望有所突破。

OKR是近些年来从美国硅谷科技企业中兴起并逐步流行起来的绩效管理方法。如果得到准确的使用，可以很大程度上改进KPI的缺点。读者们通过阅读本书，可以详细地了解OKR的理念和技术。我在本序中，重点介绍绩效管理从KPI向OKR转型中，需要重点注意的几个方面。

第一，你所在的企业是否真的需要OKR？虽然OKR的热度在上升，但并不意味着所有企业都去追逐这个管理热点。OKR适合采用创新战略的企业，它们愿意承担创新中必然出现的风险。OKR适合把自己定位为所在细分市场领先者的企业，它们愿意为实现挑战性的目标采取创新的举措。相反，对于那些采用成本优先战略的企业，以及采取跟随或复制战略的企业来说，采用KPI更合适。

第二，你所在的企业有没有适合OKR生长的文化土壤？适合OKR的文化其基本特征是使命驱动、公开透明。这需要企业的领导者相信人们内在的工作动机，即相信企业如果创建好的环境或机制，员工在工作中能表现出主动性，因此管理应该重视调动人性中积极的一面。KPI从理念上说和OKR相反，偏向于控制和外部激励，奖金是胡萝卜，惩罚是大棒。另外，实施OKR成功的公司，公开透明的程度也很高，意味着承诺过的目标需要经得起公开的检验，每个人需要全力以赴地为承诺过的目标负起责任。

第三，OKR在企业的多大范围内实施？对于销售和生产岗位，建议仍然使用KPI。原因是这两类岗位的产出通常有量化的衡量标准，而且物质激励和产出挂钩公平合理。其实，即使在销售和生产岗位上，我也建议采取和OKR理念更匹配的做法。例如，某家企业对销售人员采取了"奖金前置"的做法，销售人员先报年度目标，和上级协商通过后，企业在销售人员还没有实际完成年度目标的情况下，按月根据销售人员报的目标来发放奖金。这种方法在这家企业取得了好的效果，销售人员不但报的年度目标更准确，而且积极地努力去实现年度目标。OKR适合销售和生产岗位之外的其他岗位。需要注意的是，不建议在同一个岗位上，既施行 OKR 的指标，又施行 KPI 的指标。如果同时包括这两类指标，由于 KPI 指标和物质激励直接挂钩，容易冲淡人们对 OKR 指标的关注。

第四，OKR 和绩效考核之间是什么关系？我在教学中发现，管理者们最难以理解 OKR 是一种沟通工具，而不是考核工具。很多人问我，如果 OKR 不是一种考核工具，为什么人们还会好好干工作？我想有两个方面的原因。首先，OKR 的理念和 KPI 的理念不同，它认为物质激励不是人们干好工作最重要的理由。给的钱不够，人的工作积极性不够，但金钱的正向激励作用往往不如想象中的那么大。真正让人工作充满动力的，是在使命驱动下，能自主地制定目标、拥有目标，发挥才能，成为工作的主人。其次，OKR 的完成情况并不是和考核无关。OKR 完成得越出色，越有可能在年度的业绩考核中拿到好的评价。OKR 让人们平时把注意力放在如何完成好工作上，由于目标和关键结果公开透明，平时的交流沟通充分，因此到了需要给出年度业绩评价的时候，打分变得简单，不再需要复杂的指标和计算。例如，谷歌公司把考核打分的权力交给工作中的同行以及直接上级，在打分时，主要的依据是员工一年中的工作成果，以及其他工作表现（如对团队绩效有帮助的活动）和因素（如不可控的环境因素），而不是 OKR 的得分，在谷歌，OKR 得分不直接作为绩效考核的输入。

第五，OKR 在技术上有什么难点？OKR 技术的难点，在于制定高质量的目标和准确衡量目标效果的关键成果指标，以及持之以恒的执行。对于长期被 KPI 影响的员工来说，当切换到 OKR 体系时，他们会感到不适，不习惯给自己制定挑战性的目标，以及认为不把评分和考核紧密挂钩的 OKR 是个新的花招。另外，OKR 看起来简单，但是执行起来需要毅力。想一想，多少次我们不满足自己的某种表现，给自己定下新的目标，却中途因为各种各样的原因放弃？对此，OKR 不完全依靠人的自律，而是有两个强大的约束机制：首先，目标和关键成果面向所有人公开，这就相当于制定目标的人向其他成员做出了正式的承诺。其次，定期的复盘和核对机制。团队中的每名成员向其他同事汇报工作进展，对齐各自承担的目标。为了让这两个约束机制发挥作用，企业的高层管理者一定要身体力行，不但自己坚持，而且严格要求下级，推动OKR在整个组织中的运行。

感谢本书的译者和编辑，他们慧眼识珠，给中国读者带来了这本精彩的书籍。本书把OKR的理念和技术细节描述得很清楚，并附有丰富的案例供读者们参考。希望本序能提供一些额外的贡献，帮助更多的企业体会到OKR简洁而强大的力量。

张勉

清华大学经济管理学院副教授

2018年10月28日于清华园

推荐序三

保持简单快乐,做到脚踏实地

世界一直不停地在变化,随着高科技的发展,人类至今的所有积累,似乎都被带入身不由己的快速变换。无论是个人还是组织,政府部门或企业单位,都卷入到当下的这种潮流(势),或激动或焦虑;面对天天耳闻目睹的复杂和激烈竞争,都有些困惑迷失,都在渴求答案和具体方法,希望能够回归简单和快乐。

其实很早以前,人类社会也经历过这样丰富变幻的时代,涌现了不少管理大师。先秦时期的思想家韩非子,作为法家的代表人物,就说过"人主之大物,非法则术也";承认势和法的前提下,强调了术的重要。在提倡双创(创新创业)的今天,面对自己的人生和职业,我们可以理解为每个人都能成为韩非子所指的"人主",可以从术开始,做到简单快乐,进而明白并顺应势和法。

OKR,就是一种"术",它给企业组织提供了一个具体实操的工具;企业个体员工也能从中得到具体的帮助。恰当地执行运用OKR，可以帮助企业提高沟通效率，降低管理成本，增强员工的能动性。它尤其适于成熟企业转型创新的初始阶段。

我在美国近20年的职业生涯，都是在大型高科技公司负责企业转型和个人及组织绩效的提高，经历并见证了不少流行的管理模式；在谷歌的十多年，为了帮助公司使创新氛围和效果能够持续，也进行了各种尝试。OKR，是这些尝试之一，且在谷歌一直坚持至今，它已经成为谷歌创新企业文化的一部分。

《OKR：源于英特尔和谷歌的目标管理利器》不仅提供了一些历史背景和案例，在操作层面也给予了讲解和具体步骤。OKR作为术和一种工具，其作用显而易见；其作用大小与正负，则取决于企业组织的核心文化氛围，以及OKR工具使用者对工具本身及运用场景的熟悉程度。运用得当，OKR可以帮助企业或者部门形成一种良性的创新和高效的企业文化。

毕竟，结果导向，对于国内众多企业员工，是一个需要逐渐习惯的工作风格；容易帮助大家就事论事。Keep it simple and keep them happy，只有保持一种简单和快乐，才能齐心协力去完成一件宏大复杂的事情。感谢况阳有心将这本书翻译成中文，希望这本书能帮助到国内的各类企业！

周平
上海国际设计创新研究院执行院长
谷歌大中华区前首席运营官
2017年4月16日于美国硅谷

Objectives and Key Results

译者序

机缘巧合,从 2015 年开始,因工作原因我有幸接触到 OKR,从此便欲罢不能,一发而不可收拾。为何?因为深深地经历过 KPI 考核时代!经历过那个定了目标不达成就会被惩罚的时代。古语说:"头悬梁,锥刺股。"KPI 大概描述的就是这种状态。如果我知道头上有梁、股下有锥,趋利避害的思维一定会让我想方设法地移开那梁,避开那锥。这是人之常情。也因此,大家在制定 KPI 时,总会对自己的能力有所保留和隐藏。假如自己有 120 分的力气,就只会和上级说 60 分,最终经过讨价还价,再在主管面前"积极主动"地上调成 80 分,达成主管和自己的"双赢"。

OKR 很好地解决了这个问题。既然考核目标会造成大家故意压低目标和不敢挑战的现象,那么 OKR 干脆就不考核目标完成率。同时,OKR 还很好地吸收了目标管理领域的诸多先进思想。OKR 强调要有一定比例的目标是员工自下而上制定的,强调要快速应对业务变化,设定目标周期,强调目标要全员公开,等等。所有这一切,都是围绕着如何真正从人性的角度去激发员工的自主性,让员工愿意积极主动地去贡献，而非通过胡萝卜加大棒的方式。也就是说，OKR上升到了内在动机的层面，寄望的是内驱力驱动。

但是，正如Google前首席人才官所说的那样：人们即便对旧有的绩效管理有千般的不满，他们也同样不会自动自发地对新的绩效管理方式说好。强大的KPI文化并不会自动终结，人们仍习惯性地基于旧有的KPI思维来理解和打量一切。他们脑海里很自然地会问：

- 不考核了，员工凭什么愿意挑战？会不会更加惰怠？
- 员工会不会天马行空地想做啥就做啥，从而导致组织目标失控？
- 没有了KPI作考核利器，主管会不会在处理绩效投诉时没有了保障？
- 我把KPI周期压缩得更短，把KPI公开，也允许员工自行制定其中一部分KPI，是不是KPI就变成OKR了？
- ……

这个问题清单无穷无尽。

为了弄清OKR背后的机理，我从2015年起，如痴如醉地贡献了所有业余时间，深入研究了内在动机和绩效管理系列经典文献，包括：

- 内在动机两位泰斗Edward L. Deci和Richard M. Ryan的 *Intrinsic Motivation and Self-determination*，*Handbook of Self-determination Research*，*Why We Do What We Do: Understanding Self-Motivation*；
- 目标管理两位泰斗Edwin A. Locke和Gary P. Latham的 *New Developments in Goal Setting and Task Performance*，*Goal Setting: A Motivational Technique That Works*；
- 目标管理专家Dick Grote的 *How to Be Good at Performance Appraisals: Simple, Effective, Done Right*，*Forced Ranking: Making Performance Management Work*；
- 绩效评价专家Tom Coens、Mary Jenkins的 *Abolishing Performance Appraisals: Why They Backfire and What to Do Instead*；
- 行为模型研究专家Robert E. Kelley的 *How to Be a Star at Work: 9*

Breakthrough Strategies You Need to Succeed;

❑ ……

通过对这些文献的研究，让我深刻认识到了内在动机的威力，以及内在动机背后的工作原理。本质上说，内在动机就是要让员工热爱自己的工作，是因为热爱而积极主动地去努力，而不是仅仅为了获得一份奖励或避免一个惩罚而去被动地做事。这也让我更加坚信：OKR 是和内在动机深刻吻合的一种机制。它就是为激发出员工内心的核能而生的。期间，结合这些专家的研究成果，我写了一系列关于内在动机和 OKR 的文章，包括《不懂内在动机，你敢说你懂 OKR？》《OKR 还是 PBC，谁更适合你的团队？》《别不信，OKR 真的可以成就你的高绩效！》等，这些文章发表在国内知名 HR 公众号诸如"HR 转型突破"、中国人力资源以及《人力资本管理》杂志上。

但这一切毕竟还只是理论层面的探讨，为了继续弄清楚这些美好的理论是如何在企业里变为现实的，我们和业界很多 OKR 应用非常成功的企业高管做了深入的交流（包括 Google 大中华区前 COO 周平先生，Google 前主管张鑫先生，豌豆荚前 HRD 曹蔚女士，豌豆荚前主管赵望野先生等），他们无一例外地对 OKR 推崇备至，并且身体力行了 OKR 的很多好的理念，这让我从实践层面坚信 OKR 对员工内在动机的激发作用。

还有什么可怀疑的呢？撸起袖子干吧！但真正干的时候，问题又来了！该怎么干？关于 OKR 的介绍众说纷纭，莫衷一是！每一种都好像有道理，但又好像只说了 OKR 的一个方面。居然没有一本书系统地介绍如何实施 OKR！

这似乎不应该！

时间越过 2016 年九十月份，终于有一本系统介绍如何实施 OKR 的书到来了，这就是本书 *Objectives and Key Results*。难以掩饰内心的激动，我们太需要一本这样的书了。在 HR 转型突破工作室创始人康至军的引荐下，顺利联系上了机械工业出版社的编辑，感谢出版社的信任，把这本书的翻译交给了我来负责。我是热爱 OKR 的，那就把这份热情献给更广大的中国读者，去帮助更多的企业，形成更大的 OKR 应用范围，一起来丰富和完善 OKR 在中国的应用实践。

在完成本书的翻译过程中,感谢我的爱人对我的理解和支持,她也是本书中文版的第一个读者,给我提出了很多很好的修改建议。也感谢我的儿子,为了尽快翻译本书,我抽离了全部陪伴他的非工作时光。

感谢一路搀扶、跌撞推进 OKR 应用的"星空联盟"成员,也把本书中文版作为一份惊喜礼物送给他们,坚信 OKR 的未来之路一定会更加平坦。

最后,也感谢曾将我引入人力资源之路的领导和同事,正是他们的充分授权和信任,让我在人力资源的海洋里任意遨游,愿意在做好工作之余付出额外的精力,做出更大的贡献!我想,这本身就是 OKR 的力量!

况阳
2017 年 3 月

Objectives and Key Results

前言

为什么要写作本书

任何一家公司，一旦其着手实施OKR，都会很快意识到：OKR的作用远不止"度量"那么简单。OKR的终极目标，是要在当今激烈竞争的商业环境中，通过识别出目标和关键结果并频繁更新，提升行动的敏捷性，从而最终提升企业的经营业绩。只不过，要做到这一点，还需要依序执行一系列步骤和任务，包括：

- 获得高管的支持和热情参与；
- 决定从何处开始着手实施OKR；
- 掌握有效的OKR的特质；
- 在全公司范围内将OKR联结起来；
- 结果汇报；
- 敏锐捕捉OKR实施过程中的一些关键经验教训；
- 将OKR根植于企业文化之中；
- ……

总而言之，要成功实施OKR，这些还只是冰山一角。

就实践的标准化程度和流程的成熟度而言，在我们写作本书时，OKR 还是一个相对较新的新兴领域。随着应用 OKR 的企业越来越多，咨询顾问和软件供应商试图快速跟上形势，但由于一直没有一份详尽的操作指南告诉企业应该具体如何去做，可能会让这些企业不断掉入陷阱，从而抵消了其他人在变革方面所做的努力。本书将迎接这一挑战。它将填补当前理念和实践之间的空白。所有希望从 OKR 中受益的组织，首先必须认识到这些挑战的存在并准备好去克服它们。本书完全基于我们的全球咨询经验和扩展研究，它将为你提供全面的 OKR 指导。相信本书所讲述的工具和技术，不仅可以帮助那些正在应用 OKR 的组织取得更大的成果，还可以促使更多公司的高管在他们的组织中实施 OKR。在介绍本书结构前，请允许我们先介绍一下自己在 OKR 领域中的一些背景和经验。

我们和 OKR 的渊源

本·拉莫尔特

"当和家人一起远足时，想去哪去哪、随性而行地欣赏沿途风景无疑是一件很美好的事，但在工作中，你必须清楚地知道你要去哪里，否则你不光在浪费自己的时间，也在浪费和你共事的同仁的时间。"

这席话出自甲骨文（Oracle）公司前任 CFO 杰夫·沃克（Jeff Walker），它深深地改变了本的生活。沃克最初是在同本的一次私下交流中分享了这个建议，随后又在 2011 年给帕罗奥多市的规划专家们做的主题演讲中，详细阐述了这一原则。在那次演讲中，沃克解释了目标和关键结果方法（即 OKR）。企业应该如何用目标（Objective）去描绘它所期望的未来呢？他认为目标应当足够鼓舞人心、定性，并且能代表组织所期望的方向。每个目标然后会被转换成一组可衡量的关键结果（Key Results）。如果目标回答的是"我们想做什么"这个问题，那么关键结果要回答的则是"我们如何知道是否达成了目标"这个问题。

本很快对 OKR 的潜力感到震惊，意识到这套框架将对他的工作产生至关重要的影响，但当时他还不是特别清楚要如何做。于是他很快就开始着手进行相关研究了。

一家公司曾找到本，希望本能帮助他们实施一个 KPI（关键绩效指标）项目。本接受了这个任务，然后发现他正翘首以盼的相关战略材料，CEO 还没有准备好。当这些材料给到本手中时，本反而不知所措了。材料中包含很多好的想法和意图，但却把公司的重点工作、核心价值观、商业指标混淆在了一起。本很犯愁，如何才能帮助他们实施这个项目呢？在会见 CEO 和 CFO 前的那天晚上，当本到达酒店房间时，他突然回想起了杰夫·沃克的建议。于是，本将战略相关的材料压缩成了一页，把公司重点工作转换成了目标，并给每个目标设定了一些关键结果。第二天，他就用这份组织好的 OKR 框架去分享他对公司战略的理解。在他做完简要介绍之后，高管们一片沉默，然后要求他暂时回避，以便他们能单独做下讨论。当本离开会议室时，他确信自己是误解了公司战略，并可能很快就会被打发回去。对本来说，在大堂等待的那 2 分钟有如 2 个小时那么漫长。但当他再次回到会议室时，他看到了 CEO 脸上的笑容，他顿时放松下来。CEO 对他说："我们想请你为公司每一个业务单元和部门创建类似的文档！"在帮助该公司 50 个团队起草并精炼出它们的 OKR 后，他见证了该方法对企业的巨大价值。自此，本正式开启了他的 OKR 职业生涯。之后在针对很多团队和管理者开展了数百小时的辅导之后，他决定把这些内容整理成书以飨读者。

保罗 R. 尼文

保罗在绩效评价和战略执行领域有近 20 年的工作经历。他是在同客户交流的过程中接触到 OKR 理念的，这个公司当时正寻求一种提升绩效的方法。该公司处于一个快速变化的行业环境中，大量行动敏捷的竞争者如雨后春笋般迅速涌现。与此同时，客户也要求公司在不提升价格的情况下提升其服务质量。基于此，公司创建了一个新的战略，希望该战略能帮助公司：

❏ 增强整体战略能力；

❑ 发现关键业务流程中需彻底改造的部分；

❑ 为客户带来更大价值，从而最终为公司带来巨大财务回报。

但具体要如何做呢？对他们而言，最关键的是要找到一种评估方法，以更好地度量每一项战略诉求的达成情况。这需要花些时间，但通过聚焦核心度量项，让大家知道公司需要什么，不需要什么，同战略保持高度一致，公司就能达成对客户、员工和股东的承诺。最让保罗惊讶的是在进行战略评估项目前后从员工调查问卷上所反映出的差异：在实施战略评估项目之前，仅有很少比例的员工说他们了解公司战略，知道如何为之而努力；然而在实施之后，这个比例提升到了之前的 5 倍，覆盖了绝大多数员工。和本一样，保罗看到了将评估应用于战略所带来的价值，因而决定用这套方法去帮助更多的组织。

部分读者可能通过保罗的工作以及他在平衡计分卡方面的著作，对他已经比较熟悉了。平衡计分卡是一个很受欢迎的框架，从 4 个不同但相关的维度（财务、客户、内部流程、学习与成长），将战略转换成目标、措施、指标和战略举措。该模型被全球众多公司所采用，毫无疑问它很有价值，但很多公司却一直苦于如何才能很好地实行它，以最大化其所带来的收益。这些企业面临的一个主要挑战是该模型与日俱增的复杂度。自从 20 世纪 90 年代平衡计分卡提出以来，其种类扩展了很多，本来简单易用的战略评估方法，被很多专家加入了极其复杂的新的组件，从而给平衡计分卡增加了更多的不确定性。其结果就是，尽管平衡计分卡很有价值，但它似乎过于笨重，以致难以在整个组织中运转起来。组织希望有一种同样有效但更简单的方法，以确保它们始终聚焦在最重要的工作上，并促成战略的执行。这不正是 OKR 的优势吗？保罗于是开始寻找一种轻量级的系统方法。这种方法应当仍能为客户带来切实可行的收益，这也是他们通常期望从战略中获得的最主要价值。在其研究过程中，他了解到了 OKR，并了解到本当时也正在从事该领域的研究。他们俩于是开始合作，致力于帮助组织提升绩效。他们深信，虽然 OKR 看上去简单，但却能为那些希望提升专注度（更聚焦）、促进战略对齐和员工敬业度的公司带来巨大价值。他们的合作始于 2015 年。

本书组织结构

本书共包含 7 个章节。前 6 章大致是按照 OKR 的实施顺序展开讲解的，最后一章展示了部分全球企业在 OKR 上的收益。

在第 1 章中，我们介绍了 OKR 的历史，紧接着给出了 OKR 的定义，以及目标和关键结果的例子。现代组织面临的很多严峻挑战，OKR 都能很好地解决，这一章对其中部分较为紧迫的课题进行了探讨。第 1 章以 OKR 的众多收益收尾。

在实施 OKR 前，你必须先确保你的组织已经做好了相关准备。第 2 章探讨的是如何准备创建和应用 OKR。首先你要回答的一个问题是："你为什么要实施 OKR？"显然，高管的支持至关重要，这章探讨了如何获得高管的支持，还探讨了应该在哪个层面推行 OKR，并给出了一个综合的 OKR 实施方案。最后，通过对使命、愿景和战略的阐述，本章为 OKR 定义了一个战略环境。只有当使命、愿景和战略被仔细构建并具备一系列关键特质后，OKR 才能充分发挥其价值。

第 3 章阐述的是如何才能创建出一个有效的 OKR，并讨论了关键结果的种类，以及健康度量项、OKR 打分等内容。本章最后介绍了我们的 CRAFT（Create, Refine, Align, Finalize, Transmit）模型，这是用以指导 OKR 创建的一个过程模型。

OKR 应当在整个组织范围内创建，以提升敬业度、责任意识和专注度。我们把这个过程叫作"OKR 联结"，这正是第 4 章所探讨的主题。本章详细探讨了在组织内进行水平联结和垂直联结的流程和技巧。为了让 OKR 价值最大化，在 OKR 实施过程中以及 OKR 实施周期结束时，应始终保持对 OKR 联结的例行跟踪。

第 5 章探讨了 OKR 审视的周期以及软件对 OKR 的价值。OKR 审视周期有 3 种主要机制，本章对每种机制都进行了详细讨论，包括周例会、季度中期审视以及季度评估。这章的后半部分探讨了软件在 OKR 实施和管理过程中的作用。

为确保OKR能持续成功，必须将本章讨论的内容根植到你的组织文化之中。

第6章探讨了OKR持续开展这个话题。很多公司把OKR看成是一锤子买卖，这是错误的。本章从一开篇就讨论了一个问题："为什么你应当把OKR看成是一个持续的过程？"任何公司在使用OKR时还应考虑一个问题：是否应当将OKR和绩效以及激励关联在一起？第6章探讨了其优劣势并给出了一些建议。本章最后总结出了OKR在创建前、中、后应考虑的Top 10事项，并分析了咨询顾问在OKR实施过程中的价值，以及如何利用咨询顾问以助力OKR的成功开展。

第7章分享了7个全球正在使用OKR的公司的巨大收益。这7个公司分别是：Zalando、Flipkart、Sears Holdings、TaxSlayer、GoNoodle和Career-Builder。我们确信，你将会从这些卓越、创新组织的分享中学到不少东西。

不管你的公司处于OKR实施的哪个阶段，都将从阅读本书的过程中受益：

❑ 对那些正准备实施OKR的企业来说，本书中所提供的工具和技术，将帮助它们从最初的设计阶段步入创建一个完备的OKR管理系统阶段。

❑ 对那些已经实施OKR的企业而言，本书所介绍的流程和案例，可以作为它们OKR项目的一个检查点或审计点，以确认它们的OKR项目是否达到了最佳状态。

❑ 最后，对那些和你一样，正寻求另一种战略管理工具的人来说，我们建议你考虑一下OKR的众多优势。

保罗R.尼文　本·拉莫尔特

2016年5月于加州圣迭戈、圣安塞尔莫

Objectives and Key Results

目录

中文版序
推荐序一
推荐序二
推荐序三
译者序
前言

第 1 章　OKR 简介　1
OKR 的前世今生　1
OKR 是什么　7
目标　9
关键结果　10
组织所面临的挑战，以及你为何需要 OKR　14
OKR 能给你带来哪些收益　23
注释　29

第 2 章　准备启程　31
你为什么要实施 OKR　31
高管支持：OKR 实施过程中至关重要的一环　33
在哪个层面实施 OKR　36

特殊情形 ┊ 40
OKR 实施计划 ┊ 42
成功转型的关键教训 ┊ 45
OKR 框架 ┊ 46
战略演进 ┊ 57
注释 ┊ 64

第 3 章 创建有效的 OKR ┊ 65

奥马哈 ┊ 65
创建一个宏伟目标 ┊ 66
创建目标的小技巧 ┊ 69
目标描述 ┊ 74
好的 KR 的必备特征 ┊ 75
制定 KR 的技巧 ┊ 80
KR 类型 ┊ 83
OKR 打分 ┊ 88
OKR 设定频度 ┊ 92
多少个 OKR 适合你 ┊ 94
OKR 应该每个季度都一样吗 ┊ 97
季度中间可以变更 OKR 吗 ┊ 98
OKR 制定流程 ┊ 99
注释 ┊ 106

第 4 章 联结 OKR 以驱动战略达成 ┊ 107

关键联结 ┊ 109
联结 OKR ┊ 110
如何联结 OKR ┊ 110
对齐一致 ┊ 120
确认已联结的 OKR 的一致性 ┊ 125
结语 ┊ 126
注释 ┊ 128

第 5 章　用 OKR 进行日常管理 ┊ 129

　　关键动作：周例会、季度中期审视、季度评估 ┊ 130
　　在季度结束时刷新 OKR ┊ 142
　　OKR 相关软件 ┊ 142
　　关于 OKR 软件的 20 问 ┊ 150
　　注释 ┊ 152

第 6 章　让 OKR 可持续 ┊ 155

　　别把 OKR 当成是一次性项目 ┊ 155
　　谁应该负责推进 OKR ┊ 156
　　OKR 与绩效评估 ┊ 158
　　OKR 与激励 ┊ 162
　　OKR 十大关键注意事项 ┊ 166
　　OKR 开展误区，以及咨询顾问能给你带来哪些帮助 ┊ 172
　　结语 ┊ 175
　　注释 ┊ 176

第 7 章　OKR 应用案例研究 ┊ 177

　　Flipkart 公司 ┊ 178
　　CareerBuilder 公司 ┊ 184
　　Zalando 公司 ┊ 190
　　Sears 控股公司（SHC） ┊ 195
　　GoNoodle 公司 ┊ 205
　　Taxslayer 公司 ┊ 212
　　注释 ┊ 217

Objectives and Key Results

第 1 章

OKR 简介

OKR 的前世今生

我们对 BBC 电视剧 *Connections* 爱好有加。这部电视剧最早于 1978 年上映,并于 1994 年和 1997 年两次重映。该电视剧展示了一个有趣的现象,即历史上的重大发现、科学突破和历史事件是如何"彼此关联、相互影响,从而导致了某一特定现代科技的出现。"[1] 它清晰地表明,几乎所有事情的背后,都有一段长而有趣的历史。OKR 也不例外。大多数人都认为 OKR 比较新,认为 OKR 起源于 20 世纪 90 年代的谷歌(Google),而事实上它的历史可以再向上追溯到 100 年以前。OKR(Objectives and Key Results)是融合了一系列框架、方法和哲学后的产物。在 20 世纪初,企业界非常痴迷于弗雷德里克·泰勒的贡献。泰勒是当时新兴的科学管理领域的先驱,他首次把严谨的科学引入到管理领域,并展示了这套方法是如何显著地提升效益和生产率的。

在 20 年代进行的另外一项实验中,研究人员发现了后来所称的"霍桑效应"(The Hawthrone Effect)。在芝加哥郊外一个名为"霍桑"的工厂里,研究人员在研究照明条件对工人绩效表现的影响。研究人员最初认为,随着工厂照明条件的改善,工人的生产率应当会随之提升。但事实却并非如此,研究人员后来才发现,工人绩效的提升是因为他们感觉受到了公司的关注,从而增强了工作动机。那个时候,很多研究都聚焦在调整各种工作环境因素以确认它们是否能带来生产率的提高上,却把员工这个最为重要的因素给忽视了。彼得·德鲁克(Peter F. Drucker)的出现,彻底改变了这一切。

德鲁克被很多人尊称为管理思想之父,他为现代商业组织建立起了管理哲学标准和理论基础。他出版的30多本著作大多都被人奉为经典。其中1954年出版的《管理的实践》(*The Practice of Management*)㊀,对于像我们这样热衷于OKR的人士来说,其意义是深远的。德鲁克在这本书中讲述了三个石匠的故事。在这个故事中,有人问三个石匠他们在做什么。

第一个石匠说:"我在养家糊口。"

第二个石匠边敲边答:"我在做全国最好的石匠活。"

第三个石匠自信地回答:"我在建一座大教堂。"[2]

很显然,当第一个石匠聚焦在做一天活拿一天回报时,第三个石匠的回答有效地衔接起了鼓舞人心的愿景。德鲁克的主要关注点在第二个石匠身上,这个石匠关注的是专业知识的进步——在这个案例中是要做全国最好的石匠。当然,对执行任务而言,高超的技艺固然很重要,但它必须同企业的整体目标关联起来。

在很多场合,德鲁克都特别担心现代管理者在评估绩效时,并不是评判其对公司的贡献,而是依据他们个人的专业水准的高下。他写道:"随着技术的不断变革,这种危险将会加剧,企业中受过良好教育的专业人员将急剧增加……新技术需要这些专业人员更紧密地合作。"[3]我们注意到了吗?德鲁克说这话的时候,可是在1954年啊!他非常

㊀ 该书中文版已由机械工业出版社出版。

有预见性，认识到了专业人员将成为现代企业的一个显著特色，并很快意识到这种变化会让专业人员专注于个人成就而非企业的整体目标，这是很危险的！

为了应对这种挑战，德鲁克提出了一个名为"目标管理"的框架，简称MBO（management by objectives）。他这样介绍这套框架：

> 从"大老板"到工厂领班或高级职员，每位管理者都需要有明确的目标，这些目标应当指出其所管辖单位应该达成的绩效，说明他和他的单位应该做出哪些贡献，才能帮助其他单位达成他们的目标。与此同时，目标还应指出管理者期望其他单位做哪些贡献，以帮助他实现他自己的目标……而这些目标应当总是源于企业的整体目标。[4]

德鲁克持续不断地倡导，目标既应关注短期，也应关注长期。因此，目标既应包含有形的经营目标，也应包含像组织发展、员工绩效、劳动态度以及社会责任等无形的目标。这最后一点是德鲁克极具预见性的又一例证。在他之后又过了40年，无形"资产"才被包含到企业的绩效管理系统之中（平衡计分卡）。

由于德鲁克当时在管理界已颇具知名度，他的这些观点便对美国企业的董事会高管们具有很强的影响力。这些高管们竞相在自己企业内创建MBO体系。很不幸的是，就像其他大多数管理变革或组织变革一样，这些MBO实现形式五花八门，很多都偏离了德鲁克当初模型的初衷。这些急于求成的公司所犯的一大错误，是它们把原本应高度参与的活动做成了一个自上而下的官僚运动。高级管理者把他们的目标从公司层面向下强制推行，而不管这些目标应当如何才能被有效执行。还有很多公司错误地把这个过程看成是一个静态过程，通常以年度为单位在公司开展目标制定——这在50年前是行得通的，它同当时的市场和外部环境是匹配的。但50年过去了，现在的企业所面临的外部市场环境已经发生了翻天覆地的变化，企业必须对市场和外部环境的变化做出快速反应。然而，时至今日，大多数企业在制定目标时，不是采用一种更敏捷的目标制定节奏，而是"制定后就束之高阁"，对其不闻不问。

德鲁克原本希望，企业通过MBO能很好地促进组织内跨部门协作和激发个人创新，确保组织内所有员工同公司整体目标保持一致。然而在具体实践中，很少有组织能取得这些收益，致使MBO遭受大量批评。不过，也有部分商业触角敏锐的人看到了隐藏在德鲁克这些话背后的巨大潜能，意识到这个过程本身所蕴藏的价值，安迪·格鲁夫（Andy Grove）便是其中代表。

作为硅谷的一名传奇人物，安迪·格鲁夫1987～1998年间任英特尔（Intel）公司CEO，他带领公司从一家存储器芯片制造商成功转型为全球微处理器领域的霸主。格鲁夫是一名非常精明的商业人士，他对MBO推崇有加，将它引入英特尔作为其管理哲学的关键组成部分。只不过，他对模型做了一些修改，把它转变成了今天我们绝大多数人所看到的这个框架。在格鲁夫看来，一个成功的MBO系统需要回答两个基本问题：

1. 我想去哪儿（Objective）？
2. 我如何调整节奏以确保我正往那儿去？[5]

第2个问题看似简单，却掀起了一场变革，让OKR成功登上历史舞台，它就是后来广为人知的"关键结果"（Key Results），它被附加到"目标"（Objective）中成为整个OKR框架必不可少的一部分。

格鲁夫应用OKR的宗旨是要促进"聚焦"。他说：

和其他公司一样，我们因不会拒绝而成为自己的牺牲品——我们的目标太多了。可是，我们必须认识到，如果我们什么都想做，就会什么也做不好。少量经过仔细斟选的目标，会清晰地传达出我们希望做什么，不希望做什么的信息。如果MBO系统要能运转起来，我们就必须这么做。[6]

格鲁夫不仅限制了目标的个数，还对德鲁克模型做了一系列重要调整。

首先，他建议以更频繁的节奏去设定OKR，推荐季度甚至是月度。这一方面是为了快速响应外部变化，同时也是想把快速反馈的文化带到组织内部。格鲁夫坚持认为，员工提出的OKR，不应被视作白纸黑字的"正式文件"去限制员工的发挥，不能以此去单一评判员工绩效。他认为OKR仅仅是员工绩效的一个输入。

另外一个确保英特尔成功应用OKR的原因，是它兼顾了自上而下和自下而上两种方式。正如早前提到的那样，德鲁克在他的模型中描述了这种机制，只是很多组织由于固有的官僚层级思维，抛弃了这一点！但格鲁夫没有抛弃，他凭直觉认为，员工主动参与的天性可以培育出良好的自我管理能力并提升动机水平。

最后，格鲁夫明白在OKR中强调目标挑战性的重要性。他说：

> 当挑战并非自发产生时，管理者需要创造一个这样的环境去孵化它。举例来说，在MBO系统中，目标应当被设定得非常有挑战性，这样即使员工（或组织）竭尽全力，也只能有一半的成功机会。当每个人都努力地去超越自己的现有水平时，结果一定会不同凡响，哪怕这意味着有一半几率会失败。如果你想要你和你的下属达到巅峰绩效，这种目标设定机制就尤其重要。[7]

故事讲到这里，是时候说说谷歌和其他绝大多数企业所正在使用的OKR版本了。正是约翰·杜尔（John Doerr）把OKR引入到了谷歌。杜尔是当今极具价值的硅谷风险投资公司凯鹏华盈（Kleiner Perkins Caulfield and Byer）的合伙人。他最早供职于英特尔，热情地学习了安迪·格鲁夫的很多管理讲座，OKR就是其中之一。杜尔认为这个模型非常有价值和潜力，所以直到今天他仍在持续不断地向其他企业推荐它。

拉里·佩奇（Larry Page）和谢尔盖·布林（Sergey Brin）就是他早期的两位推荐对象，这两人就是后来广为人知的谷歌公司的创始人。下面是约翰·杜尔回忆他把OKR介绍到谷歌的情景：

> 投资谷歌后不久，我们通常会围坐在大学路（University Avenue）一家冷饮店楼上的乒乓球桌旁开董事会。在我向拉里介绍了OKR之后，他召集了一个全员大会……我在会上演示了一份幻灯片，这份幻灯片至今我还保留着……拉里和佩奇都非常聪明，他们锐意进取、雄心勃勃，他们的兴趣点不只是做事，而是要创造惊世伟业。当公司还只有30人左右的时候，他们就积极拥抱了OKR这套系统。现在OKR已成为谷歌文化的一部分，是其DNA之一。在谷歌，它就是大家所使用的真实语言的一部分，拉里以及全公司都非常认同OKR，并把它作为一个授权工具。大家认为OKR体现的是一种责任，这是OKR的一个副产品。在组织里，这是帮助构建社会契约的一种很好的方式，意味着大家都愿意积极踊跃地去做一些与众不同的事情。[8]

自那次会议开始，OKR就成为了谷歌绩效管理的首选工具。

如今，美国生活在谷歌时代，其影响无处不在。例如，如果你在2016年3月的亚马逊搜索栏（仅搜索书籍）中输入"Google"，你会得到17 882条记录。任何人只要写一本以谷歌为主题的书，都有可能成为销量冠军。鉴于谷歌在大众文化中的这种超强影响力，你可能会认为从谷歌开始使用 OKR 起，其 OKR 就广为人知了。但事实上，直到 2013 年谷歌风投（Google Ventures）的合伙人瑞克·克劳（Rick Klau）发布了一段 OKR 视频后，OKR 才逐步风靡全球。[9] 克劳发布的视频点击量如今已超过 30 万次。你可能觉得这个点击量并不算太高，但考虑到这是一个近一小时的长视频，这似乎已经很不可思议了，说明很多企业都希望能仿效谷歌的绩效模式。

截至现在，OKR 已被全球数以千计的企业所采用，硅谷的一些知名企业如领英（LinkedIn）、推特（Twitter）和星佳（Zynga）对 OKR 更是大力推崇。除此以外，全球其他大大小小的企业也已开始迅速拥抱 OKR。我们在本书中分享的是这些企业迄今为止的最新实践，也希望你所在的企业能够继续努力，促进 OKR 向下一阶段发展。

OKR 是什么

我们给出的 OKR 的定义如下：

> OKR 是一套严密的思考框架和持续的纪律要求，旨在确保员工紧密协作，把精力聚焦在能促进组织成长的、可衡量的贡献上。

你可能会觉得这段话略显冗长，难于记忆。不过，鉴于很多企业在发起一个变革项目时，经常因术语含糊不清而导致员工不知所指为何，让变革效果大打折扣。因此，在你刚开始接触 OKR 时就给出一个严密的定义很有必要。这意味着当你提到 OKR 时，你和你的团队对它的理解是一致的，不会产生歧义。

让人费解的表述，会给员工传递模糊的信号，导致变革成果远低于预期。因此，在组织内使用一致的OKR术语和概念定义尤为重要。我们推荐你使用本书所给出的定义，至于你是叫它OKR还是别的什么，反倒不重要。莎士比亚有句名言："名字有什么关系？把玫瑰叫作别的名字，它依旧芬芳。"最关键的还是你要使用经过仔细甄别的词语，在组织内传递一致的含义，以确保大家在这些方面达成共识。这些术语和概念也应和所有利益干系人沟通清楚。如果你期望OKR或任何新的提案被大家认同和接受，并最终能有所产出，每个人就必须遵从同一套操作手册。回到我们的定义上，我们把它拆解成几个小块去理解：

- ❏ **严密的思考框架**：OKR意在提升绩效，但如果只是简单地每个季度跟踪一下你的结果，你不会如偿所愿。在前面介绍OKR的前世今生时，我们提到了德鲁克，德鲁克有一句名言："最严重的错误，并非由错误的答案造成。真正危险的事，是问了错的问题。"[10]当你检查OKR结果时，真正挑战你的应该是你如何才能超越那些数字本身。你应该像一个人类学家那样，深入思考它们对你而言意味着什么，从而让你能发掘出振奋人心的问题，帮助你找到未来的突破口。当OKR被严谨和规范地执行时，这一思考框架的作用会更加突出。

- ❏ **持续的纪律要求**：OKR代表了一种时间和精力上的承诺。我们之前已提醒过大家，要注意防止把目标设定后就束之高阁的现象。要想从OKR方法中受益，你必须遵从这个模型的要求。具体来说就是：

  （1）以季度（或者其他预先规定的周期）为单位刷新OKR；

  （2）仔细确认结果达成情况；

  （3）如有必要，持续修正现行战略和商业模式；

  （4）结果导向。

- **确保员工紧密协作**：我们都非常清楚跨团队协作的重要性，以及团队在促成组织成功中的价值。OKR 必须被设计用于最大化协作和促进整个组织对齐一致，这可以通过 OKR 本身所固有的透明性来做到。由于 OKR 对每一个人都充分共享，组织内从上至下都可以看到 OKR 及其达成情况。
- **精力聚焦**：OKR 不是，也不应被当成是一张待完成的任务清单。OKR 的主要目的是用于识别最关键的业务目标，并通过量化的关键结果去衡量目标达成情况。战略专家指出：战略就是不做什么和做什么，两者同等重要，不可偏废！OKR 也是如此。你必须做出最终取舍，决定哪些内容才是你最终的关注点。
- **做出可衡量的贡献**：正如我们即将解释的那样，KR 通常（几乎完全）是定量的，这是它的一个自然属性。任何时候，如有可能，我们都应当尽量避免主观描述 KR，KR 要能精确地指出它的达成对业务究竟有多大的促进作用。
- **促进组织成长**：判断 OKR 成功与否的最终标准，还是要用结果说话，看你的目标所取得的实际成果如何。如果你能遵循我们这里给出的建议，相信 OKR 会点亮你的前行之路。

现在你已经清楚了 OKR 定义的六个关键要素。在对 OKR 的语意进行了充分的解剖之后，接下来让我们把关注点放在 OKR 的两大构成上。

目标

所谓目标（objective），是对驱动组织朝期望方向前进的定性追求的一种简洁描述。它主要回答的问题是："我们想做什么？"一个好的目标应当是有时限要求的（如某个季度可完成的）、鼓舞人心的、能激发团队达成共鸣的。

举例来说，我们为本书准备了一系列的辅助材料，这个季度我们的目标之一就是："设计一个引人入胜的网站，吸引人们对OKR的关注。"这个目标是简洁的（寥寥数语）、定性的（没有数字）、有时限要求的（我们自信本季度能完成）、鼓舞人心的（将我们的创意用于创建一个既美观又实用的网站，是一件非常令人兴奋的事）。

关键结果

关键结果（key results）是一种定量描述，用于衡量指定目标的达成情况。如果目标要回答的是"我们想做什么"这个问题的话，那么关键结果要回答的则是："我们如何知道自己是否达成了目标的要求。"有些人可能对我们定义中使用的"定量"一词不以为然，说如果KR是用于衡量达成结果的话，那么它天生就应当是定量的呀。说的对，这里是我们多啰唆了几句，目的是为了引起你足够的重视，你的KR应当用数字说话。

KR的挑战之处，也是其终极价值在于，它会迫使你将目标中模糊或模棱两可的部分进行量化。拿我们刚才的例子来说，目标是："设计一个引人入胜的网站，吸引人们对OKR的关注。"现在我们需要致力于澄清什么叫"引人入胜"，"吸引"又指的是什么。没有现成的方式能帮助你把"引人入胜"和"吸引"直接翻译成数字，你必须结合业务环境去解释这些词语的具体含义。如下是我们的KR（绝大多数Objective都只有2～5条KR，本书后面会详细说明为什么）：

❑ 20%的访客一周内会再次访问本网站；
❑ 10%的访客会寻求我们的培训和咨询服务。

在制定 OKR 时，你应当平衡好 KR 的达成难度和潜力激发两者间的关系，一方面要让 KR 足够挑战，以促成更多的智力贡献，同时又不至于让 KR 高不可攀，从而降低团队的士气。在图 1-1、图 1-2 和图 1-3 中，你将看到更多关于公司层面、团队层面和个人层面的 OKR 案例。

图 1-1　公司层面的 OKR 示例

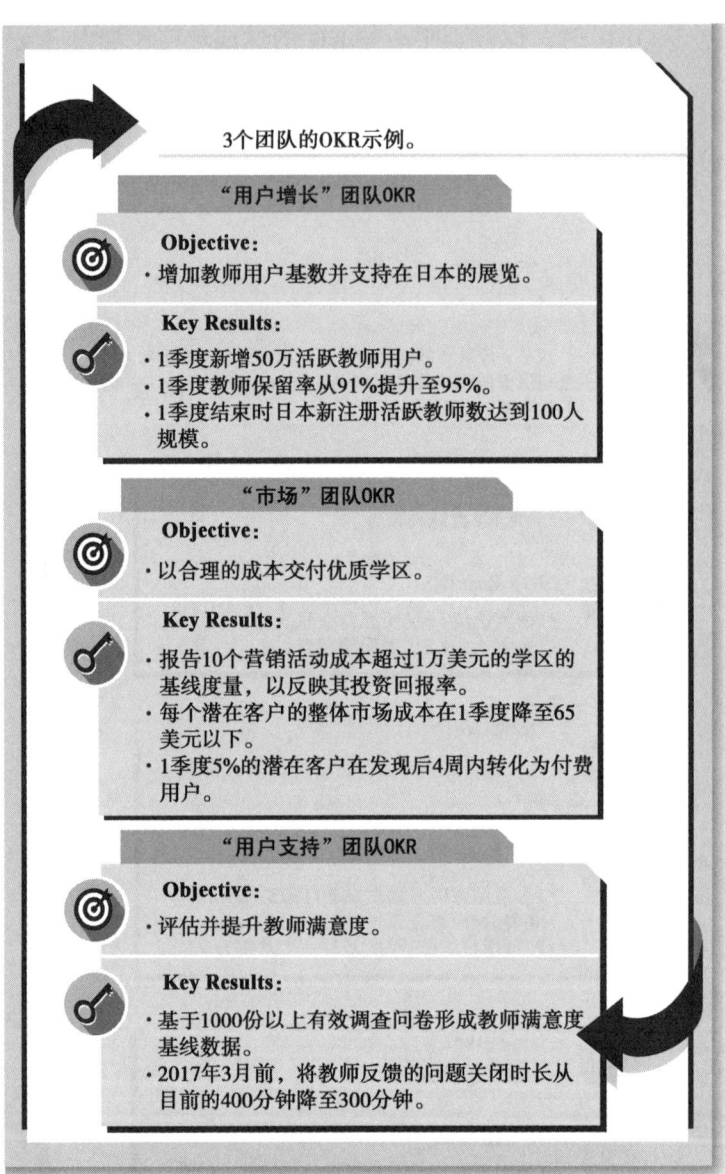

图 1-2　团队层面的 OKR 示例

这就是我们现在要告诉你的 OKR 的机制。你可能会觉得："嗯，看起来很简单啊。我真的需要继续阅读本书余下部分吗？"

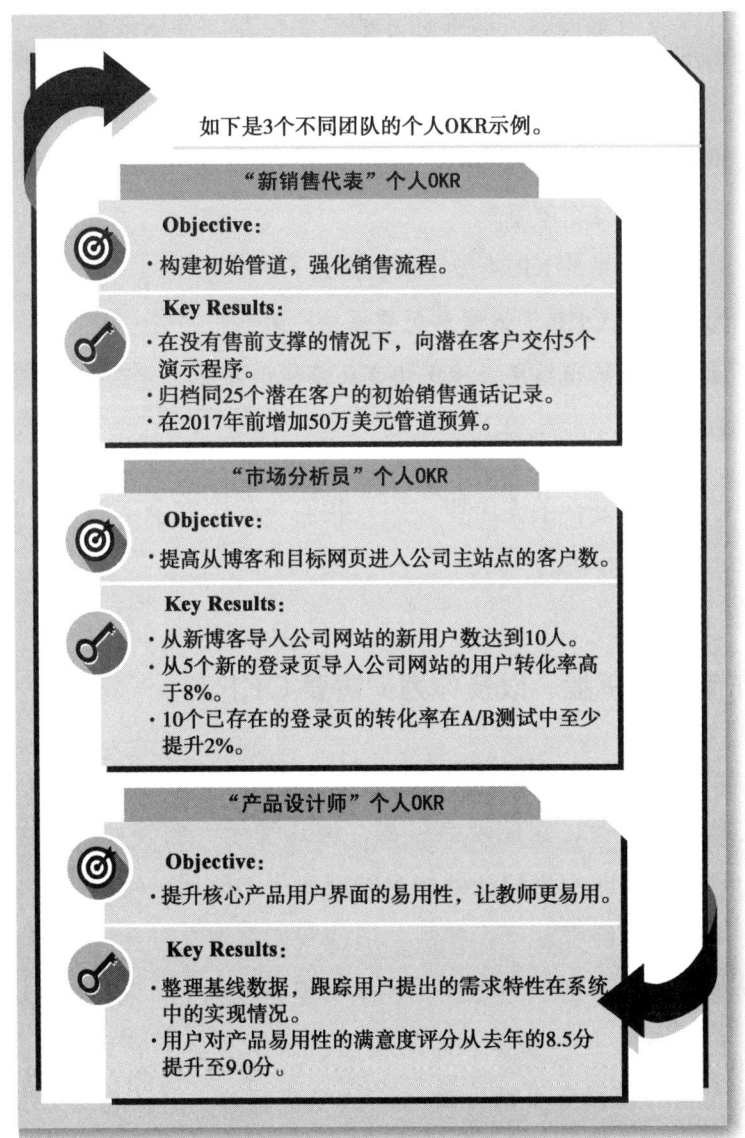

图 1-3 员工层面的 OKR 示例

答案毫无疑问是肯定的。很多表面看起来简单的框架其实并不简单。你可以快速掌握其基本原理，但如果不进一步深入研究就不能有效地应用这个模型。细节是魔鬼，OKR 方法中有很多细微之处和"闪

光点"是你应当掌握的,这样你才能从中受益。举例来说,一些你应当考虑的问题包括:

- ❏ 你在哪个层面实施 OKR(公司层面还是业务单元层面)?
- ❏ 谁会赞助这个项目?
- ❏ 有哪些可用的 KR 类型可供选择?
- ❏ 如何确保 OKR 同战略和愿景保持一致?
- ❏ 如何及时给出结果以确保快速反馈和学习?
- ❏ ……

所以,请系好你的安全带,加入我们一起走完余下旅程,我们会尽力保证你一路顺利。

组织所面临的挑战,以及你为何需要 OKR

在写作本书的时候,我们做了大量研究,阅读了大量书籍、白皮书、文章、博客等,它们观点各异,但几乎无一例外地都有 1~2 个共同的开场白,即:我们身处一个时刻变化的时代,传统上我们所理解的公司基础正经受着巨大挑战,迫使我们需要在变化来临前,抢先一步具备相关前沿领域的知识。在本书里,在我们即将开启 OKR 之旅时,我们准备来一点不一样的观点,让你不至于慌乱。从某种形式上说,经济领域至少是发达国家的经济领域,并不像以前那么震荡。拿美国来说,GDP 增长率仅从 1946~1968 年间的 3% 降到了 1986~2006 年间的 1.2%,无论是通胀还是公司利润增长,在此期间都呈现了类似规律。[11] 虽然今天的科技创造让人头晕目眩,但它们的影响事实上远不及历史上的铁路、电话、汽车、规模制造或者无线电对当时的影响。

所以我们暂时可以先松一口气，地球自转一周仍然要用 24 小时，并没有变快或变慢！但是也有坏消息：无论是在公司内，还是整个行业，变革的步伐都在加快。这种变化节奏前所未有，机会稍纵即逝！只需考虑一下智能机的普及率这个例子你就明白了。2007 年，当第一部触摸屏智能机 iPhone 问世以来，紧接着安卓操作系统智能机问世，智能机占有率迅速从 10% 提升至 40%，超越了历史上任何一次消费者领域的科技革新速度。[12] 现在，如果每隔 4.3 分钟不能看手机，我们是不是觉得不知道该干点什么？是的，这意味着我们所有人每天平均查看手机的次数是 221 次！

我们先来看一下所有现代组织都面临的一些关键挑战。你可能对其中一些比较熟悉，另外一些则可能代表着新近的研究成果和新的组织思想。虽然每个挑战都很大，我们依然坚信，无论当今全球商业市场前途有多艰险，OKR 的实施都会在你克服所有类似潜在障碍的道路上助你一臂之力。

挑战一：战略执行

最近一次对全球 400 位 CEO 的调查发现，无论在亚洲还是欧美，卓越的战略执行力是公司高管面临的头号挑战，其排名超过了创新、地缘政治稳定性和总收入增长。[13] 该结果似乎并不特别让人意外，由于有效执行的比例在全球普遍较差，战略执行问题多年以来一直是高管关注的焦点。在最乐观的情况下，全球成功的战略执行的比率大概也只有 25%～35%，更悲观的一些预测则认为该数字低于 10%。

企业通常花费了数以千计小时在战略计划的制定上，它们认为这会帮助企业在竞争中存活下来。毫无疑问，将战略转换为行动的回报是巨大的。一项研究表明，对一般公司而言，战略实施质量如果能提升 35%，股东收益将会提升 30%。[14] 有效的战略执行能带来如此显著的收益，这就很好理解企业为什么会花费如此大的精力在这上面了。也正因此，当执行不如预期时，管理者会倍感挫败和沮丧。

为什么具体实践时，战略执行会如此困难？研究者兼作家苏尔（Sull）和霍姆克斯（Homkes）指出了执行过程中存在的 5 个误区：

误区 1：战略执行＝战略一致性：战略一致性似乎是商业领域里无懈可击的一个经营理念。更通俗地说，战略一致性就是要让所有员工都朝同一方向努力。一些令人尊敬的思想家（如前文所提到的彼得·德鲁克）和企业巨头早就建议，这可以通过建立共同的目标来实现。毫无疑问，保持战略一致性本身是一件很有价值的事，问题是企业要怎么做才能创建出这个目标呢？对很多公司来说，尽管其初衷是好的，但很快就把这个过程变成了一种自上而下的运动：高层主管发布一系列关键目标，并在组织内强制推行，而不考虑如何将它们转换到更低的组织层级。执行问题之所以一直不能很好地解决，正是因为每个业务单元及其下层部门在创建目标时只同其上层组织进行了目标对齐，却没有同公司内其他团队进行横向对齐。日常工作天然就是跨功能团队的，强制逐级向上对齐目标掩盖了这一事实，产生了筒仓效应，导致各部门各自为阵，只顾自己的利益。

误区 2：执行＝严格遵从计划：前重量级拳击冠军迈克·泰森（Mike Tyson）在谈到他如何应对其对手时，曾有过一段最恰到好处的形容："每个人都只在他被打得满地找牙时才会有相应的应对方案。"[15] 这句话的奥妙之处在于，它用一种双关的方式指出了一个道理：战略规划通常跟不上真实的业务环境的变化。大多数公司的典型战略规划流程中，都会去创建一组战略举措以确保战略成功，这些举措涉及人力和财务资源的配置，并且一旦其配置到位，企业通常不愿意再做任何形式的变更。而事实上，战略要成功执行，企业在行事方法上必须足够敏捷，要能随时洞悉外部的环境变化，实时对战略做出或大或小的调整。这意味着无论是在人力资源还是在财务资源上都要有足够的灵活性，以及时抓住新出现的机遇。那些秉持固定性思维，不愿意改变计划的人，将在战略执行方面付出沉重的代价。

误区3：反复宣讲＝理解领悟：在如今这个低成本电子沟通工具随处可见的时代，即使是最小的企业也能和员工开展大量沟通。是的，它们确实也在这样做。不仅通过电子手段在线沟通，很多组织的高级领导者还花费大量时间同大家面对面地沟通战略。悲哀的是，这些消息并没能被基层理解。在一项针对全球250个企业的管理者进行的调查中，仅半数管理者能说出他们公司最重要的目标。[16] 如果这个数字看起来有些沮丧的话，那么另外一些研究的发现则更为糟糕。其中一项研究表明，只有大约1/7的人，也就是大约15%的人能说出一个他们公司最重要的目标。[17] 出现这种现象的原因可能是多方面的，其中之一就是企业在描述其战略时喜欢滥用术语。企业通常都有核心价值观、战略重点、使命、愿景、行为规范、核心竞争力，以及其他内容，仿佛一个流行语宾果游戏一样。员工对此感到困惑也就不足为奇了。他们往往不知道什么才是最重要的，应该关注哪些点，因而最终对任何一个都没有给予足够的重视。

误区4：以绩效文化驱动战略执行：如果让高管们形容各自行业当前的竞争态势，绝大多数人可能会用"凶猛、激烈、残酷"来形容。公司不能出现丝毫差错，因此对绩效文化的孜孜不倦的追求，可能是你和竞争对手的一个重要区别。然而在某些情况下，如果过分强调绩效，对失误零容忍并不惜一切代价地去避免犯错，就会导致大家热衷于掩盖错误和过失并相互指责，这同样会让企业很快在竞争中落伍。因此，在塑造一种文化时，应当寻求平衡以避免走极端。绩效固然重要，但企业同时也应关注敏捷性、团队合作、协同以及适度的冒险，对所谓的"失误"应当开诚布公地去讨论，就事论事，从数据中汲取经验教训,并在未来做出相应的提升和改进,以此来驱动执行。

误区5:战略执行应该自上而下:想必我们都很期待一个有远见的CEO,能凭借个人的坚强意志和聪明才干,带领企业成功渡过各种危机。但这样的CEO少之又少,已成过去,其神话色彩大于现实成分。事实上,如果将权力全部集中于CEO一人之手,很有可能导致组织绩效低下,这主要是因为:①决策速度变慢,从而错失良机;②经常性的冲突升级浪费了宝贵的执行时间。执行的责任应当向下授权给企业的各层组织。当然,这需要你恰当地协商处理好前述4个障碍。

挑战二:新形势下的组织重组

当前全球劳动人口正发生着翻天覆地的变化,出现极度年轻化和极度老龄化两个极端,同时也更加多样化。出生于1980~2000年间的,目前已占劳动人口的一半,并且这个数字仍在迅速攀升。大量研究表明,他们对自己的职业发展生涯的期望是:

- 一个能持续学习的工作环境
- 一段有意义且目标明确的工作经验
- 一条动态且有价值的职业发展路径

在年龄图谱的另一端是婴儿潮一代,一个数量巨大但正在减少的群体。很多婴儿潮一代现在步入70/80岁年龄段,他们仍然具备大量的组织知识与能力,但面临着诸如导师、教练或者作为年轻一代的下属这样的角色挑战。最后,随着现代企业的全球化,劳动力市场相应呈现出更多的性别和文化多样性。

由于上述因素和其他多种因素的共同作用,迫使企业领导者做出转变。很多企业正将其组织结构从传统的、层级式、功能型组织转变为更灵活和联系更紧密的团队。德勤《2016年人力资本报告》指出,

92%的反馈者将组织设计列为TOP优先工作，然而约一半（45%）的组织坦言他们的公司尚未开展或者计划开展组织重整。[18]

要更好地理解组织设计领域所发生的变化，不妨想象一下拍电影的过程。差不多所有的电影都是由个体和小的专家团队（包括编剧、制片人、布景设计师、摄影师、服装设计师等）组织拍摄出来的。一旦电影制作出来，他们就转战下一部电影的拍摄了。我们在企业里也经历过类似的场景，通过网络方式组建虚拟团队以攻克某一特定业务问题，一旦该问题成功解决，该团队就将被解散，相应人员重新编入新的项目组。这些团队面临的一个直接问题是如何保持同公司整体目标一致，从而同公司战略执行有效衔接。我们认为OKR非常适合当下这种不断增长的新型组织设计趋势，我们将在"OKR能给你带来哪些收益"一节中给出理由。

挑战三：持续增长

"不增长，则灭亡"是美国乃至全球企业经常重复的一句口头禅。如果让高管们列出他们的TOP优先事项，除了上面提及的对执行的关注外，他们最关心的恐怕就是"增长"了。有估计表明，超过90%的战略规划追求的都是收入增长。增长的想法非常诱人，这不仅是因为企业很大程度上需要依靠它才得以生存下来，同时也是因为绝大多数高管在谈到他们公司的发展前景时都特别乐观。在一项针对377名高管的调查中，反馈者们看到的机遇简直无处不在，在问及哪些市场存在"巨大机遇"时，选择北美市场的人占50%，选择欧洲的人占65%，还有超过85%的人选择亚洲。[19]

保持乐观是很好的，但不能太脱离实际。尽管高管们想竭力抓住全球市场的增长机遇，但事实上很少有公司能持续实现长期（甚至中期）利润增长。一项研究表明，在2000～2010年的这10年里，仅9%

的企业在实现了平稳增长（5.5%）的同时没有出现亏损。另一项相关的研究也得出了类似结果：样本中的5 000家企业，仅8%实现了5%的年复合收入增长。[20]

是什么导致了如此多的企业在增长之路上举步维艰，甚至接近崩溃边缘？显然，这并非是由于发展机遇缺失所致。在问及高管们这个问题时，超过75%的高管会将其归因于组织有效性，例如：

- 过于复杂（太多需要员工理解的概念）；
- 害怕犯错文化（过于关注绩效）；
- 难以聚焦。

OKR会帮你克服这些困难！

挑战四：颠覆式创新的威胁

你有兴趣创办一家新公司吗？这里有一组数据可能会让你热情不再。近期研究表明，美国初创企业平均预期寿命大约是6岁[21]，这也就是说，你没有多少时间可以去建立影响力。如果你很幸运，打破了这个生存魔咒挺过来了，保持盈利对你而言仍然可能非常具有挑战性，因为你随时可能会面临持续不断的颠覆式创新的威胁。

当我们想到颠覆式创新时，像优步（Uber）或AirBnb这样的创新公司会很快映入脑海。然而，严格来说，像优步这样的公司并不算是颠覆式创新。颠覆式创新指的是一个小玩家以更少的资源成功挑战行业巨头的过程。他们之所以能做到这一点，主要是通过聚焦被忽视的细分市场，通常以更低的价格提供更合适的功能。行业巨头通常忽视了这一现象，最后新进入者会逐步转向高端市场，在交付客户所需要的产品的同时，仍保留了他们早期的低成本优势。[22]从技术上看，优步并没有这样做，但这一点也不妨碍它对出租车行业的永久性改变。

与其说优步和其他类似公司是颠覆式创新，我们更愿意将其归类为"商业模式创新"。但不管使用哪个术语，现实情况就是：一些饥肠辘辘、你从未听过的公司正准备抢占你的市场份额。以快递公司为例，它们正面临一种未曾预料到的威胁，即 3D 打印。由于很多制造企业多了一种选择，可以现场打印部件或产品，因而空运、海运和陆运量都将急剧下滑。据估计多达 41% 的空运业务、37% 的海运集装箱业务以及 25% 的陆运业务都将为此而受到影响。[23] 鉴于这种难以避免的威胁，对组织而言，及时拥抱敏捷、具备根据新信息快速调整商业模式的能力，就显得尤为重要了。再一次，我们相信 OKR 能胜任这一任务。

挑战五：员工敬业度

在已出版的许多商业书籍中，充斥着大量关于"人才争夺战"的故事，企业竭尽全力储备最好、最聪明和高度敬业的员工。很明显，如果没有技能熟练、动机强烈的员工为组织的整体目标而努力，企业将很难胜出。在上面提到的内容中，最让高管们关心的就是员工敬业度了。换句话说，我们当前正面临着敬业度危机。

在我们列出大量数据来陈述我们的观点之前，先让我们来定义一下这个术语，因为有太多关于敬业度是什么和不是什么的描述，很容易让大家混淆。首先说说敬业度不是什么，"敬业度"并不代表员工的快乐度，它也比员工满意度的范畴要广得多。凯文·克鲁斯（Kevin Kruse）是 *Engagement* 2.0 一书的作者，他将"敬业度"定义为员工对组织及其目标的一种情感承诺。[24] 这种情感承诺意味着敬业的员工确实关注他们的工作及其公司，他们不仅仅是为了一份薪水、一次晋级，而是热情满怀地为组织目标而努力。当员工关注这些，也即他们真正敬业之时，他们会在工作上全力以赴，而非尽力而为。

这里有一个简单但很有说服力的例子，是我们在一个客户的组织中观察到的。我们计划会见南加利福尼亚的一个小型快餐连锁企业的 CEO，会面地点就在其中的一个餐馆里。我们早到了一些，没有员工知道我们是谁，因此不存在他们会尽力给我们留下好印象之类的动机。其中，我们注意到一个员工朝门的方向跑去，我们的第一反应是，是不是有人忘记结账了。但事实上不是这样，当这位员工快速跑到门口后，他弯腰捡起掉落地上的餐巾纸，把它丢到垃圾桶里，然后再回到柜台，继续为下一位顾客服务。你可能会说这是他的本职工作，但是并没有人盯着要他这么做，他也可以就不闻不问，当没看见一样让垃圾留在地上。但他却更进一步超越自己的职责，始终保持餐馆清洁。很不幸的是，无论是美国还是全球，高敬业度员工的比例都低得可怜。盖洛普报告指出，全球劳动力市场中高敬业度员工的比例仅为 13%，在美国这一数字为 30%，这无疑是一个很大的损失。据估计，低敬业度导致每位员工因效率下降、旷工等的损失约为 17 000 美元。如果这听上去好像还不算太多的话，那么让我们来统计一下全美国的劳动力的情况，你就知道问题有多严重了：全美这一损失高达 4 500 亿～5 500 亿美元。我们相信企业所蒙受的损失远不止这些，还包括他们最关心的一个话题：不能有效地执行战略。不敬业的员工不愿意付出必要的努力，以感知新的机遇、适度冒险和推动商业模式的创新，这些都是保持其所在公司领先于竞争对手所必需的。好消息是很多企业意识到了它的重要，人们正努力想方设法提升员工的敬业度。年度员工满意度和敬业度调查问卷正逐步被淘汰，代之以诸如员工意见调查、匿名社交工具，最重要的还有与经理间的例行审视和反馈等员工倾听工具。[25]

我们已经列出了一些企业可能面临的挑战。幸运的是，OKR 可以帮助你克服这些障碍，让你走上持续成功的康庄大道。让我们一起来看看 OKR 能给我们带来哪些收益！

OKR 能给你带来哪些收益

根据美国人口普查局经济研究中心对 30 000 家美国企业的研究，采用正式的评估和跟踪方法于企业而言非常有益。根据作者的研究，那些采用结构化管理实践、聚焦绩效指标和绩效追踪的公司，其财务表现明显优于没有这样做的公司。[26] 所以简单地实施 OKR 方法，就可以提升你的财务表现。这个回报已经足以让你、董事会以及财务人员开心好一阵了。但 OKR 的好处远不止这些，在精心设计的 OKR 得以实施之后，还有更多、也更关键的收益在等着你。

收益一：易于理解，增强了接受度和使用意愿

在我们居住的加利福尼亚，有一家非常流行的汉堡餐厅叫 In-N-Out。如果你曾经品尝过这里的美食，读到这里时你一定会忍不住口水直流。那里的食物真的是太棒了，超越了绝大多数快餐店！In-N-Out 之所以能拥有这么多忠实粉丝，其中一个原因是它的菜单非常的简单，只提供汉堡、油炸薯条、奶昔和饮料。就这么多！它不像很多餐馆，菜单上密密麻麻地挤满了很多选项，你只有具备超强的视力才能看得清楚。现在你就把 OKR 想象成是"In-N-Out 式"的绩效管理。这套架构最大的好处就是它极度简单，从分类开始就足够简单，就三个单词："Objective"和"Key Results"。就像我们在误区 3 中讨论的那样，一些管理绩效和战略执行的方法术语连篇，员工一头雾水，被诸如使命、愿景、核心价值观和 KPI 这类术语弄得晕头转向，不知所措！

一般来说，为了让你的团队能更好地接受和支持一个项目，通常至关重要的第一步是掌握相关术语。OKR 让这一过程变得更简单，不少客户在简短地接受了我们提供的一些入门训练后，就能正确地使用

这些术语制定出有意义的 OKR。但 OKR 这套框架博大精深，我们将会深入揭示它的内涵。如下是谷歌风投公司的瑞克·克劳对它所做的描述：

> 当 OKR 在你公司运行得很好时，就像每个人都流利地掌握了一门新语言一样。每个员工都对公共词汇很熟悉，这些词汇描述了那些对公司而言最重要（以及不重要）的事。在应用 OKR 几个季度后，员工会发展出三项与众不同的能力：
> - 预测未来的能力；
> - 日常讨论中自觉同公司创始人或 CEO 对齐一致的能力；
> - 说"不"的能力。[27]

收益二：更快的开展节奏，提升了敏捷性和快速应对变化的能力

虽然 OKR 允许你自定义开展节奏，但绝大多数企业在具体实践时都以季度为周期开展。这种频繁地确定工作重点的做法至关重要。由于内外部竞争的加剧，业务节奏也变得越来越快，因此，企业必须快速捕捉和分析新信息并将其转换为有用的知识，以用于创新和调整战略或业务规划。如果你是以年度为周期设定目标，要做到这一点是十分困难的。在那些可能阻碍你业务发展的事件与你对该事件的反应之间存在严重的滞后，因而你在处理这些事件时也就毫无准备和措手不及。

频繁的目标制定会在企业内建立起一种纪律约束，这可能正是很多企业所缺失的。OKR 强调要不断学习并积极根据公司内外部变化做出相应决策。通过以季度为周期刷新 OKR，你实质上建立起了一套可以不断自我增强的组织机制，让你能很好地应对突发变化和颠覆式创新。

最后，近期研究表明，频繁的目标制定对公司的财务结果有积极正面的影响。德勤报告指出，以季度为周期设定目标的企业，其业绩表现位列 TOP 序列的可能性是未这样做企业的近 4 倍。[28]

收益三：把精力聚焦在最重要的事情上

对一个公司而言，员工注意力是非常稀缺的一种资源。在这7×24小时不间断的世界里，有很多事情都在抢占这一资源，比如公司目标、业务单元目标、个人目标、各种会议、行业趋势、职业生涯考虑、家庭琐事、社交媒体以及昨晚比赛的得分……毫无疑问，我们生活在一个信息极大丰富的年代，可以随心所欲访问一切想访问的内容。但这却让公司和个人无所适从，很难区分出哪些对他们而言才是最重要的。OKR帮助你识别最优先的事项，把精力聚焦在影响公司运转的有限潜在变量集合上。

当推特前CEO迪克·科斯特罗（Dick Costolo）被问及他从谷歌学到了什么并应用到了推特时，他回答道：

> 我在谷歌学到并引入推特的，毫无疑问就是OKR——目标和关键结果了。那是一个很了不起的工具！它能很好地帮助公司所有人理解：什么对公司而言才是最重要的，以及你准备如何衡量你对它的贡献。它确实是一个非常优秀的战略沟通和战略衡量的方法。[29]

作为一名高管或经理，你面临大量持续不断的抉择：
（1）我们需要建立一个新的离岸工厂吗？
（2）我们需要聘用那位声名狼藉但却十分优秀的工程师吗？
（3）我们需要为新的市场活动大开绿灯吗？
……

永无休止的问题等着你同意或拒绝。通过把精力聚焦在你的绝对优先事项上，你就能在两方面都做到游刃有余：识别出什么是最重要的，同时即便有很多诱人的想法，但只要和你的目标不一致，你都有足够的理由去拒绝它们。

收益四：通过公开透明促进跨部门间的横向一致性

我们在前面的章节里讨论过一种组织阵型，它会快速组建成一个小团队去挑战解决特定问题，一旦任务完成就解散团队。尽管团队会努力解决特定业务问题，但事实上这个问题的解决可能会依赖其他项目组（一个或多个）的配合。因而，在这个相互连接的世界里，团队很有必要了解其他团队的绩效目标。OKR鼓励你在整个组织范围内实现公开透明。

一个有效的OKR项目应当有几个层次：公司层次的OKR、部门或业务单元层次（你的组织结构可能有所不同）的OKR、个人层次的OKR。每个层次的OKR不应该只被限定在其相应的领域内。相反，一个有效的OKR应当能够促进各团队间的相互协作，指明你依赖谁以及谁依赖你。OKR理所当然应在组织内全透明，这意味着每个人都能看到其他人正在评价什么，提供什么样的反馈和输入。这种透明性能促进团队间的相互协作和目标一致性，最终促进战略执行。

收益五：能促进沟通并提升敬业度

有一句广为引用的谚语说："人们离职不是因为公司，而是因为主管；所谓为公司而来，因主管而去。"在很长的一段时间里，大家把这句话当作人力资源的金科玉律。不少公司为此采取了很多行动以尽力避免这种情况的发生。这些行动包括发起一个领导力发展项目、提供敏感性训练⊖以及参与360度反馈等，所有这些干预措施都被设计用于

⊖ 敏感性训练是美国行为科学家利兰·布雷德福（Leland Bradford）等人首创的一种训练方法。目的是通过受训者在共同学习环境中的相互影响，提高受训者对自己的感情和情绪、自己在组织中所扮演的角色、自己同别人的相互影响关系的敏感性，进而改变个人和团体的行为，达到提高工作效率和满足个人需求的目标。

改善主管和员工间的关系，避免人才流失。只是，古老的格言并不一定就是正确的。至少从领英公司对 5 个国家超过 7 000 名会员的调查问卷数据来看是不正确的。

根据被调查人员的反馈，他们频繁跳槽的主要原因是缺乏发展机会，这个数字是因主管和员工关系紧张而跳槽的 3 倍。[30] 好消息是，无论你面对的是如上哪种情况，OKR 都可以帮助你缓解。

OKR 并非一个自上而下的运动，不是要一成不变地把目标向下分发给低层级业务单元和部门，让他们毫无保留地去执行。正好相反，OKR 更加包容，个体在 OKR 的选择上更具话语权，目标设定是自下而上和自上而下的融合。有机会真正从事有意义的工作有助于增强敬业度。然后当结果被呈现出来时，大家都有机会去参与讨论、致力于探索精神的培养及士气提升，同时还能向上司表明员工为其下一职业台阶的准备度。这种情况已被西尔斯控股公司（Sears Holdings）所证实，该公司从 2014 年就开始实施 OKR。在西尔斯，应用 OKR 的员工被提拔的概率是没有应用 OKR 员工的 3.5 倍。[31]

收益六：OKR 促进前瞻性思考

卡罗尔·德韦克（Carol Dweck）教授是研究动机方面的专家，尤其是在思维模式方面。她将人分成两个阵营：那些认为成功是由于天生的能力造就的人，具有的是固定型思维模式；另外一些认为成功是由于努力工作、坚强意志以及坚定的决心所带来的人，具有的是成长型思维模式。固定型思维的人害怕失败，因为他们觉得这是对其基本能力的攻击；而那些具有成长型思维的人，则拥抱失败，把这当成是一个简单的过程经历，以及一次学习和成长的机会。

从我们同全球客户的工作经历来看，组织也可以采用类似的方法进行区分。那些正经受固定型思维模式之痛的组织，由于害怕失败，事实上也错过了和风险相伴而行的机遇；而另外一些组织，由于根植其中的成长型思维模式，容忍失败，拥抱快速试错和快速学习的做法。要在当今全球经济中胜出，对所有企业而言，采用成长型思维模式至关重要，这意味着要走出任何事先假定的舒适区，大胆设定目标。那些平淡无奇的 OKR 不仅是无效的，更会让那些寻求工作意义和目标的人才日渐疏远。OKR 是用来帮助提升组织能力，激发团队从根本上重新思考更好地完成工作的方法。OKR 的价值如图 1-4 所示。

图 1-4　为什么要用 OKR

注释

1. *Connections* (TV Series). *Wikipedia: The Free Encyclopedia*. Accessed March 7, 2016.
2. Peter Drucker, *The Practice of Management* (New York: HarperBusiness re-issue edition, 2010).
3. Ibid.
4. Ibid.
5. Andrew S. Grove, *High Output Management* (New York: Random House, 1983).
6. Ibid.
7. Ibid.
8. https://www.youtube.com/watch?v=MF_shcs5tsQ. Accessed January 25, 2016.
9. You can watch the video at: https://www.youtube.com/watch?v=mJB83EZtAjc.
10. Quoted in Robert Simons, "Stress Test Your Strategy," *Harvard Business Review* (November 2010).
11. Matthew Stewart, *The Management Myth: Why the Experts Keep Getting it Wrong* (New York: W.W. Norton & Company, 2009).
12. Jacob Weisberg, "We Are Hopelessly Hooked," *New York Review of Books* (February 25, 2016).
13. Donald Sull, Rebecca Homkes, and Charles Sull, "Why Strategy Execution Unravels—And What to Do about It," *Harvard Business Review* (March 2015): 58–66.
14. Brian E. Becker, Mark A. Huselid, and Dave Ulrich, *The HR Scorecard* (Boston: Harvard Business School Press, 2001).
15. www.brainyquote.com/quotes/quotes/m/miketyson382439.html.
16. Donald Sull and Kathleen M. Eisenhardt, *Simple Rules* (New York: Houghton Mifflin Harcourt, 2015).
17. Chris McChesney, Sean Covey, and Jim Huling, *The 4 Disciplines of Execution: Achieving Your Wildly Important Goals* (New York: Free Press, 2012).
18. *Global Human Capital Trends 2016* (Westlake, TX: Deloitte University Press, 2016).
19. Chris Zook and James Allen, *Repeatability: Build Enduring Businesses for a World of Constant Change* (Boston: Harvard Business School Press, 2012).
20. Rita Gunther McGrath, "How the Growth Outliers Do It," *Harvard Business Review* (January–February, 2012): 110–116.
21. Christopher G. Worley, Thomas Williams, and Edward E. Lawler III, *The Agility Factor: Building Adaptable Organizations for Superior Performance* (New York: Jossey-Bass, 2014).
22. Clayton M. Christensen, Michael Raynor, and Rory MacDonald, "What Is Disruptive Innovation?" *Harvard Business Review* (December 2015): 44–53.
23. Seven Surprising Disruptions, www.strategy-business.com/7-Surprising-Disruptions.
24. Kevin Kruse, *Engagement 2.0: How to Motivate Your Team for High Performance* (Create Space Independent Publishing, 2012).
25. *Global Human Capital Trends 2016* (Westlake, TX: Deloitte University Press, 2016).

26. J.C. Spender and Bruce A. Strong, *Strategic Conversations: Creating and Directing the Entrepreneurial Workforce* (Cambridge, UK: Cambridge University Press, 2014).
27. Rick Klau, "Superpowers at Work: OKRs," *Re: Work* (December 21, 2015).
28. Stacia S. Garr, "High-Impact Performance Management," Bersin by Deloitte, (December 2014).
29. "Bring OKRs to Your Organization," Re: Work, https://rework.withgoogle.com/guides/set-goals-with-okrs/steps/bring-OKRs-to-your-organization/. Accessed January 5, 2016.
30. Jena McGregor, "Why People Really Leave Their Jobs," *The Washington Post*, March 18, 2014, online edition.
31. From internal Sears presentation shared with the authors.

Objectives and Key Results

第 2 章

准备启程

你为什么要实施OKR

在前面的章节里,我们用了一个词叫**过量访问**。这是畅销书作家、研究员马库斯·白金汉(Marcus BuckingHam)提出的一个术语,用以描述当前我们所处的这个几乎可以随时访问一切的状态。[1]无论是在家里、工作时还是娱乐时,我们总会受到一波接一波的信息轰炸:新闻、娱乐或市场消息……永无止境。当时间和注意力正逐渐成为我们的稀缺资源时,如何经受住各类源源不断的信息之干扰,对之去芜存菁,从噪音中区分出有用信息来,将是我们所面临的一个主要挑战。

所以,当你准备实施OKR时,你需要回答的第一个问题很简单:"我们为什么要使用OKR?为什么现在要使用OKR?"如果你的回答不能让团队满意,他们很有可能就不会把手头的工作搁置一边,不会投入必要的承诺帮助成功实施OKR变革项目(或其他任何变革)。即使是对那些规模还不算大的企业而言,员工每天也有大量的项目要处理,因此出现上述现象就不足为奇了。最近我们在同一个跨国公司的子公司交流,从第一天开始大家就对

OKR如何才能和公司本已复杂的绩效管理流程相适配感到困惑。当我们问他们在用哪些框架时，他们提到的有：

- 目标管理；
- 个人绩效管理计划；
- 领导力发展计划；
- 平衡计分卡。

员工大声质疑OKR到底是增加了一层复杂度，还是真的能创造价值从而和它们有所区别？这个案例提醒你：在开始OKR前，你应当创建一个清单，列出当前用来管理绩效的那些系统，并仔细分析OKR适合用于哪些地方。理想情况下，你应该只需要一个系统，否则就会增加复杂度并造成困扰。

在你回答"为什么要实施OKR"这个问题时，有一些答案你绝对不能用。比如：

- "我们准备从优秀到卓越！"
- "我们希望取得最好的绩效！"
- "因为谷歌在用它！"

前两个解释是空洞的老生常谈，对于员工来说毫无意义！也许连说这话的人自己也不太相信这样的理由！这些解释模糊不清，放之四海而皆准。当你在和大家分享为什么要实施OKR时，你需要的是一个具体的理由。最后一个回答"因为谷歌用了它"可能是最有害的回答了。是的，很可能你确实是在了解到谷歌、领英、Zynga或其他备受瞩目的公司在使用OKR后，才触动了你要在你们公司也应用OKR。但是请记住：你不是谷歌，也不是领英或Zynga等公司！你希望得到的是这些公司从应用OKR的过程中获得的收益。所以，指明你独一无二的动机至关重要。

OKR 应该要能解决你所面临的具体业务问题。比如，可以提升大家对公司整体目标和战略的认识。前文已提及，绝大部分员工都不能准确地说出他们公司最重要的目标是什么，这种现象令人惋惜。还有一项研究也做过类似分析。在这项研究中，研究人员发现，15% 的员工甚至无法说出领导者所识别出的三个关键目标中的哪怕一个，余下 85% 的人所认为的主要目标，其实也和领导者所给出的目标大相径庭。这个研究表明，你离公司最高层越远，你对公司愿景的感知和理解就越差。[2] 如果目标感不强，那么承诺感自然也不会太强。只有约半数的反馈者声称他们对目标充满激情，也即意味着，还有近一半的员工只是机械地在做事，驱动力和敬业度都不足。OKR 通过让大家把精力聚焦在少数真正重要的事情上，可以很好地解决目标意识薄弱这个问题。

最终，只有你能给出你们为什么要实施 OKR 的具体理由。强烈建议你花点时间仔细思考这个问题，对之进行恰当的回应，从而在公司内从上到下引发广泛共鸣。更进一步，建议你把该理由放到企业所处的更宏观的外部大环境中去考量：你们是作为新进入者，希望获取市场份额？还是作为巨头企业，易受竞争对手的商业模式颠覆？请生动活泼地去再现你所面临的挑战、你的应对策略，以及 OKR 在此过程中会如何指导你们更好地落地战略，给大家以足够的紧迫感，让所有人明白：变革是迫在眉睫、没有退路的事。

高管支持：OKR 实施过程中至关重要的一环

我们曾在行业会议上发言，一方面向观众分享我们对 OKR 以及战略的理解，同时也从其他演讲人的分享中了解了他们的独特经历。我们对私营企业的分享尤其感兴趣，他们在会上分享了实施 OKR 过程中所积累的经验和教训。每个企业情况不尽相同，因而他们的 OKR 之旅也不尽相同，但所有成功变革的企业都有一个共同特点：都有一个热烈拥抱并致力于该变革的高管的大力支持。

我们曾说过，当今时代充斥着大量的刺激源，不断在争夺我们的注意力。可以想象，如果没有高管的支持，任何好的想法都势必流产。当疲于奔命时，我们希望能找到一条出路，帮助我们化繁为简，把精力聚焦在真正重要的事情上。重要的事情从何而来？其中一个很重要的线索就是看我们的高管（尤其是首席执行官）把他们的时间和精力放在哪里。有句古老的谚语说："上有所好，下必甚焉"，正是这个道理。如果高级领导者能展示他们对这个变革项目的理解，并在言行上支持它，那么员工一定会遵从；如果领导者对当前的变革项目明显不感兴趣，员工为什么要分心去支持它呢？

查兰和博西迪（Charan，Bossidy）在《开启转型》（*Confronting Reality*）一书中十分清楚地描述了一个高管支持的案例：

> 通常一个变革失败的原因是由于其发起时就意志不坚决，或者超出了组织的掌控能力。经常出现这样的情况：领导者宣布了一项重大变革后不闻不问，把这项工作交由他人负责了。没有高层的强有力推动，项目很容易就迷失方向和不知所措。毕竟，一个变革提案通常只是锦上添花，对人们的利益诱惑并不大。如果高层不关注它，通常很少会有人认真去做，当初始努力停滞不前或付之东流时更是如此……仅仅一个大胆的变革宣告并不会带来成功，真正的成功需要深思熟虑、意志坚定的领导者的全情参与，他了解方案细节，关注它给组织带来的收益，确保他的下属会去实现它，总是将其个人利益暂时放在一

边,并把变革的紧迫性传递给每一个人。[3]

这段话应该作为一个警示标签,粘贴在任何新提出的变革方案中,在你的组织中广泛传播。总而言之就一句话:如果你得不到赞助,就不要实施变革。

获得高管赞助

如果你非常希望在你的组织中实施OKR,但又没有决策权,那么你需要至少争取到一名高管的支持,并且这个人最好是CEO。下文给出了一些小技巧,其他组织曾成功运用这些技巧来获取高管对变革提案的支持:

- ❏ 把OKR同高管关注的某件事情联系起来:毫无疑问,如果项目同高管个人兴趣和价值观是吻合的,该项目自然就能获得他们的积极支持。你的任务就是要找出这个纽带,解释清楚OKR会如何把一个很好的想法变为现实。如果恰好你的CEO关注的是市场反应速度,那么这正好可以与OKR的快节奏匹配上,你可以解释OKR将如何让你们行动更快捷,更好地提供反馈、提升灵活性以及敏捷性,从而加速新产品的研发周期。

- ❏ 提供OKR培训:通常,在支持任何一个新项目前,我们首先要能感受到它的价值和意义,这个价值和意义源于对一件事情的综合理解。高级管理者一样会有这样一个过程:从知识到意义再到价值,最后达成行动承诺。因此第一步就是提供基础的OKR培训,包括OKR定义、相关示例、OKR能带来的收益,以及最重要的,为什么组织现在需要实施OKR?

- ❏ 把高管卷入OKR实施过程:很多变革专家认为:思想决定行动,人们不会做那些他们不愿意的事。但事实上,行动也会影响思想,正是由于人们做了那些事,然后他们的观念才发生了相应的转变。也即是说,你更有可能支持那些你事实上已经在做的事。因此我们强烈建议你,务必把高管卷入你的 OKR 项目中来,他应该亲自参与,而不是将其委托给一个低级别团队。全美最大的在线求职网站凯业必达(CareerBuilder)就是这样做的,它的首席信息官罗格尔·福格特(Roger Fugett)全程参与了为期三天的 OKR 草案研讨会。他意识到他的出现,对于确保公司 IT 部门和公司整体业务的一致性至关重要,并且他的参与也向与会者传递了一个明确的信号:公司将坚定地推行 OKR。

CEO 的真正参与将给项目带来巨大好处,这在我们最近同客户接触的一个项目中已得到证实。这位 CEO 是新到任的,尽管他在接受这份职位前做了实质性的尽职调查,但公司情况仍大大出乎其意料。他向我们倾诉道:"公司整体比我预期的要松散得多。"由于他在之前两家公司成功运用过 OKR,所以他到公司后采取的第一个举措就是在公司内部自上而下发起了 OKR 项目。他没有委托他人,而是亲自参与到了所有公司层级的研讨交流,从他的日程中划出了大量宝贵时间去评审所有低层级组织的目标。他转发与 OKR 主题相关的文章,在全员大会上提及它,甚至在同外部观众交流时也会谈及这个话题。勿庸置疑,每个人都看到了他对 OKR 实施的热情,从而快速地跟上他的节奏。虽然他们的 OKR 实施时间并不长,但由于 OKR 特别强调聚焦,公司的松散状态正逐步改善。

在哪个层面实施 OKR

乍看起来,OKR 显得特别简单:决定你要做什么,以及如何知道是否做成功了。然而，真正创建和实施 OKR 前，还有很多功课要做。前面我们讨论了"你为什么要实施 OKR"这个话题，这一节我们再探讨另一个话题："你准备在哪个层面实施 OKR？"我们给出了一些选择供你参考。

仅在公司层面实施

对很多组织来说，这可能是最合理的选择。从公司最高层组织开始实施 OKR 有很多好处。它清晰地传递了组织最关注的是什么，代表管理团队展现了承诺和责任，可以为以后在更低层级组织实施 OKR 提供方法借鉴。这样做可以让公司快速平滑地切换到 OKR 上来，同时也给员工一定时间去消化这个概念，帮助他们理解 OKR 是如何帮助公司取得更大成功的。关于"平滑推进"这个概念确有其科学依据，被称为未来锁定（Future Lock-in）㊀现象。行为科学家托德·罗杰斯（Todd Rogers）和马克斯·巴泽曼（Max Bazerman）用这个术语描述人们更倾向于认同那些在未来某个时刻一定会推行的变革（假定这个变革同他们的价值观是一致的）。[4] 尤其当你过去曾遇到过类似的变革阻碍时，这种平滑切换方式就更有优势。因为你仅仅在公司层面推行，它对员工的影响也最小。随着你逐渐展现 OKR 所带来的早期收益，员工会慢慢接受这一理念。

如果你选择从公司层面开始推行 OKR，那么高管是这个项目能否成功的关键，没有高管的支持，项目从一开始就注定会失败。同时，你还需要有热情的 OKR 斗士来推动项目，以此向整个团队证明它不是昙花一现式的赶时髦。

㊀ 罗杰斯和巴泽曼把未来选择更多反映的是人们的理想自我的现象称作"未来锁定"。一些研究指出：人们的远期选择更符合理想自我，而近期选择更多反映的是现实自我或欲望自我。

公司层面和业务单元/团队层面都开展

一种更加雄心勃勃的做法是：在公司层面和业务单元/团队层面都实施OKR。这里的业务单元/团队指的是直接向高管汇报的那层组织，可能不同公司的叫法会有所不同。具体实现上，公司和业务单元/团队等层面并非同时开展，而是更希望先制定公司层面的OKR，在它被广泛沟通后，业务单元/团队才制定自己的OKR，以体现同公司目标的一致性。

这种做法很重要的一点就是，一定要确保公司层面的目标是经过仔细甄选并被大家深刻理解了，因为它们是业务单元/团队OKR的关键输入。再说一次，高层主管的赞助至关重要。另外，这种方法需要你做一些事前准备工作，在你让业务单元/团队创建其OKR前，你要给出一些关键指导原则，如：

（1）Objective或KR的最大条目是多少？

（2）相关专业术语如何理解？

（3）如何评分？

（4）……

我们会在第3章详细讨论这些主题。

整个组织都实施OKR

这是你的终极归属：在公司层面、业务单元及个人层面都实施OKR，确保从上到下对齐一致。问题是，需要多长时间才能做到这点呢？因为你试图走得更远，在更基层组织应用OKR，所以前面章节中列出的问题在这里也存在，而且还被放大了。除非你的组织足够小，否则我们不建议你从一开始就这么做。这并不意味着你要花费数年才能达成这个目标，一旦你在某个层级成功实施了OKR，就可以进一步推动其在更大范围内应用，直至整个组织都完全拥抱 OKR 并成为你组织文化的一部分为止。具体什么样的开展节奏合适，得由你来判断。

仅在业务单元 / 团队层面试点

为了降低推行风险，一些组织可能会选择先在业务单元层面 / 功能部门层面试点的做法。他们试图通过试点证实 OKR 理念的可推行性，通过速赢吸引更多的人加入试点行列。这种方法需要一个深刻理解 OKR 内在工作原理、深信 OKR 能带来切实业务结果的领导者来领导（相当于是另外一种形式的赞助，只是层面低一些）。如果试点确实能达成速赢，它就会获得其他团队的广泛关注，从而争相效仿试点团队的做法。所以试点团队在 OKR 选择上非常关键，他们的 OKR 必须是可达成的。如果选择了一个遥不可及的目标并在该目标上惨败，这无疑会吓跑那些原本就害怕做这件事情的人。

在项目中实施 OKR

这是另外一种平滑切换到 OKR 的方法。不是在公司层面或业务单元 / 团队层面，而是在你最大的项目中推行 OKR。找出该项目的目标，然后制定相应的关键结果去跟踪项目并确保其成功。这种方法可以帮助把 OKR 理念社交化，创造出一个流畅的术语交流环境，同时提升你的项目管理纪律。我们认为这可以作为一种备选方案，但绝不应成为绝大多数组织的首选。任何你投入了时间和精力的项目，都应该同公司的整体战略（以及愿景和使命）建立联结。在这种情况下，你会更倾向于在公司层面应用 OKR 以加速战略执行，并最终将 OKR 推行到整个公司。

特殊情形

这一节里,我们会用到术语"团队"以及"业务单元"。但是,重新定义创建OKR的"团队",并不仅仅是一项重新构建你的组织结构图的练习。让我们来看两个OKR实施的通用场景,以帮助你定义OKR"团队"。

两个团队共用同一组OKR

当两个团队间存在业务合作关系时,他们可能会共用一组OKR。例如IT团队可能是垂直组建的:IT销售运营团队、IT财经团队、IT市场团队、IT产品团队等。在这种情况下,不是让每个IT团队或者业务团队单独创建其OKR,而是让他们联合去创建一组OKR。业务团队在创建OKR时,相关的各IT团队被卷入制定过程中,以确保OKR是可行和易于理解的。这样,从一开始两个工作上存在相关性的团队所制定的OKR天然就是一致的。该模式同样适用于财经性质的集团组织。

其实,不仅IT团队和财经团队可以采用这种模式,公司其他团队也可以这样做,这取决于你所在的行业和组织结构。例如,在软件领域,产品团队和开发团队通常是紧密协同的,虽然各有独立的团队领导,在组织结构图上也是两个截然不同的部门,但如果它们之间的依赖关系比较强的话,也可以联合起来只创建一份OKR。

多个团队共用同一组OKR

一些组织需要多个团队共同努力才能取得成绩。我们在一个中等规模的高科技公司里就遇到过类似情况。他们不是采用每个团队单独设定自己OKR的做法,相反,他们组建了五个小分队去分别达成他们五个关键举措。每个小分队都有自己的一组OKR,而分队成员则来自不同的团队，这样，一个小分队可能会包含四名工程师、两名设计师、一名市场分析员、一名财务经理和一名产品经理。

我们基于实际客户经验以及调查研究，给出了如上两种OKR部署方案供你参考，也许还存在更多的联合创建OKR的方式，只是我们这里没有列出来。但正如前面所说的那样，不管你采用哪种过渡方式，你的最终目标都应是在整个组织内全面实施OKR。只是，在通往这个终极目标的过程中，你应该有足够的耐心，在时机上也要注意把握。最重要的是，要从一开始就克服惰性，先行动起来，万事开头难！图2-1列出了几种OKR部署方案。

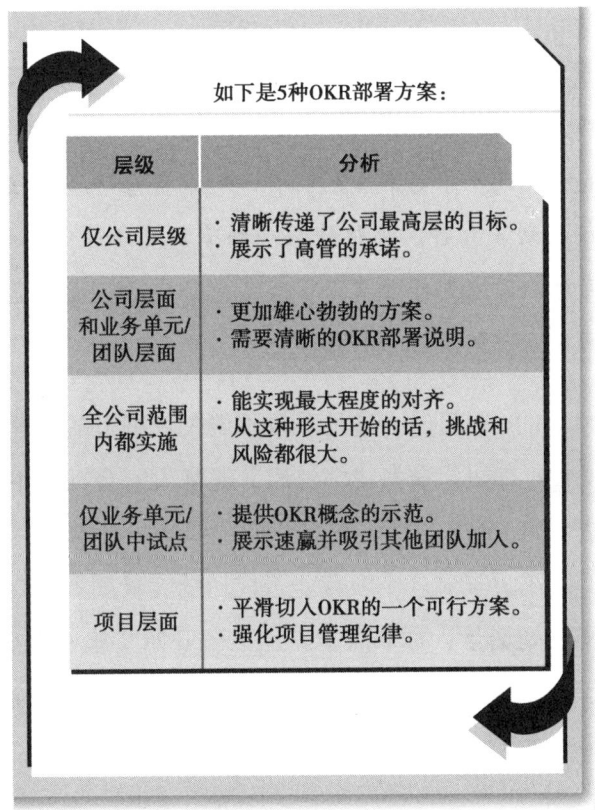

图2-1 OKR部署方案

OKR 实施计划

你知道谁是"威斯特伍德的男巫"（The Wizard of Westwoood）吗？如果你猜的是哈利·波特的下一个对手，你就大错特错了。我们这里的男巫，是一个没有任何法力的"麻瓜"㊀。但是作为一个篮球教练而言，他却拥有神奇的技能。他就是约翰·伍登（John Wooden）。

在掌舵加州大学洛杉矶分校男子篮球队的近30年里，伍登史无前例地累计获得了10项冠军。他把篮球战术发展到了一个新的高度，但其实，他能取得如此成就的原因，除了自身在赛事上极具天赋外，还有另外一个秘密：精于计划。他是这样描述他的思想的：

> 当我在洛杉矶分校担任篮球队教练时，我认为如果我们要取得成功，就必须勤奋。我做到这一点的一个方法就是精细地计划。我会花两个小时和我的队员一起准备每一个练习。每次练习都精确到了分钟。训练的每个细节都是经过仔细编排的，包括练习球应放在哪个位置……我不想让我的队员浪费哪怕一丁点时间在一个错误的球位上。[5]

在你开始OKR项目时，这种孜孜不倦关注细节的做法同样值得借鉴。在看到OKR有如此众多的好处后，通常大家会抵制不住诱惑，急急忙忙地就去制定OKR，而不考虑我们已经给出的那些建议。这样做会造成混乱，以及大家对这个项目能否成功的大量质疑。

想象这样一副场景：你欢欣雀跃地准备开始实施OKR，于是立即召集你的高管以及他们的下属开会，以建立公司层面的OKR。这不可避免地会存在一些问题，比如大家可能对你要创建的OKR并未达成

㊀ "麻瓜"为单词muggle的音译，为英国女作家J. K. 罗琳在其作品《哈利·波特》中所创作，表示非魔法人类，也就是日常生活中的普通人。

共识。虽然在一天结束时,你的墙上满是各种即时贴,你制定出了一组看上去很完美的 OKR 草案,但当你休会并开始询问大家是否有疑问时,情况就会发生逆转,很多人会举手提问:"然后呢?下一步要做什么?"如果你没有考虑过这个问题,你就无法很好地回答它,从而让大家对它的可行性产生怀疑,进而很快导致实施过程的流产。

我们并不需要用一个小本子详细规划好在未来 18 个月可能会发生的每一个细节,只需要大致列出实施方案即可,以便你能跟踪项目进度,并帮助你克服过程中的困难。在接下来的两节中,我们概述了 OKR 计划阶段和实施阶段的关键步骤。

计划阶段

这一节我们要讲的是如何为 OKR 的成功推行奠定基础。如下是一些需要考虑的关键步骤:

- ❑ 高管对 OKR 的坚定支持。
- ❑ 回答一个问题:我们为什么要实施 OKR?为什么要现在实施 OKR?
- ❑ 决定在哪个层面实施 OKR?公司层面,还是仅仅是试点?
- ❑ 创建一个实施计划,具体参见实施阶段一节。

实施阶段

这一阶段我们将提供一些具体步骤,以指导你创建第一份 OKR,并回顾你的初步成果。你的实施计划理所当然应该基于你在哪个层面实施 OKR 来进行。我们假定你是从公司层面开始实施 OKR 的:

- ❑ 提供 OKR 培训:我们之前已经谈到,由于 OKR 特别简单,因此很多组织在切入 OKR 时,很容易跳过这一重要步骤。我们可以将OKR培训的概念延展一下，这个环节你不仅是在讲述这个模型的基础知识，还应该分享你们为什么现在要选择应用OKR、其他公司的成功案例以及大家能从中受益什么。

❏ **确保公司有完整的使命、愿景和战略**：你的OKR应当源于战略，同时能驱动愿景的达成，并同整体使命保持一致，这是OKR能否成功的关键保障，因此在你开始实施OKR前应该确保这一点。

❏ **创建公司层级的OKR**：有几种可选步骤供参考：
- 小型团队集中创建。
- 通过调查问卷收集员工的反馈，并用于后续专项研讨中。
- 高管访谈。
- 在研讨会中直接起草目标。

我们将在第3章详细讨论这个话题，以及这些可能的选择。

❏ **在公司范围内讲解OKR**：可以采用电邮等多种媒体进行宣传，但最重要的还是要和大家面对面交流（例如员工大会），这样可以促成一次关于为什么选择这些OKR以及它们是什么的对话沟通。

❏ **跟踪OKR**：你不能把OKR制定后就束之高阁，你应当在季度中间（或者其他你规定的节奏）对它进行跟踪和审视。

❏ **季度末汇报成果**：给OKR打分并在整个组织内交流结果达成情况。

我们是以一个伟大的篮球教练的富于启发的分享开始这一节的，现在我们准备以另外一个"富于启发"的引用结尾，这个引用相对来说比较口语化一些。我们的一位同仁非常痴迷于计划，她的办公室墙上挂着的唯一一幅大字上写着："没有计划，就没有成功。"遵循我们在前面章节里给出的步骤去计划，你一定能成功。

成功转型的关键教训

我们在第 1 章中给出了 OKR 的定义，但除此之外，你应当记住，OKR 是一次真正的变革和转型尝试。很不幸的是，大量文献表明，组织通常都会抵制变革。哈佛商学院的迈克尔·贝尔（Michael Bell）和尼廷·诺里亚（Nitin Nohria）估计变革失败的概率高达 70%。[6] 因此，为了更利于你推进变革，很关键的一点是，你应当坚持关注变革领域的最新研究成果。最近全球咨询公司麦肯锡的一项调查研究，揭示了有效推进变革提案的 4 个关键管理行为：[7]

❑ 关键管理行为一：率先垂范。领导者要能说到做到，以身作则，向员工展示期望的行为，殷切希望下属做出相应的变化。这一发现再次证实了早前我们关于这个话题的讨论：高管对 OKR 的参与至关重要。

❑ 关键管理行为二：培养大家对变革的理解和必胜信心。如果员工理解了变革的理由，他们就更有可能表现出对这些变革的支持。这一行为可以通过创建一个变革故事去向大家宣传，清晰地告诉员工为什么变革必不可免，大家可以对它有哪些期待，以及哪些工具将会被提供给他们以支撑变革。这点和我们在前面提到的"高管支持"和"为什么要实施 OKR"是一致的。

❑ 关键管理行为三：通过正式机制强化变革。你可以通过组织结构、系统、流程来为员工提供正式机制，支持他们拥抱新理念及行为。例如，你可能需要修正你的绩效评估系统以部分地包含个人的 OKR 结果，这就在 OKR 变革和正式机制（绩效评价）之间建立了一致性。

❑ 关键管理行为四：能力培养。当员工具备表现出新行为的能力时，他们更有可能做出期望的改变。这一行为强调了具体的战略的重要性，它将指出哪些技能是执行所必不可少的。一旦你评估了当前的技能优势与预期的竞争优势之间的差距，你就可以从中找到你所希望开发的技能点。

没有神奇魔法能确保你一定能设计出一种有效的方式，或确保你一定能促成变革提案的成功实施。但是如果你花了足够的时间和精力，严格遵循我们在本章里给出的建议，我们确信你能为你的 OKR 项目打下一个坚实的基础，让你在 OKR 实施中处于有利位置。

OKR 框架[8]

OKR 最大的优势之一是它特别强调短周期执行。频繁地回顾 OKR 有利于促进快速学习，加快项目进度，甚至提升工作成就感。但是，过于强调短周期也可能会带来一些问题，比如，是否会导致短视现象？如果 OKR 仅仅关注一个季度，如何确保它不会和战略脱节？一些评论认为 OKR 是战术性框架而非战略性框架。为克服这些潜在缺陷，你必须为 OKR 创建一个上下文环境，将 OKR 放在更大的战略框架中去考虑。

OKR 绝不应该在真空中创建，它必须反映公司的意图、公司长远目标，以及公司为捍卫其市场占有率所做的努力。换言之，它应该把使命、愿景、战略转化为行动。在接下来的篇幅里，我们将分别分享这几个背景信息，分析它们为什么会如此重要，并为你提供一些有用工具，以帮助你评估当前版本的使命、愿景、战略或创建一个全新版本。

与使命、战略、愿景相关的专著数不胜数，以战略为例，至少有成百上千本书论及该主题。那么,你是否值得花些时间,在一本专门介绍 OKR 的书里阅读这些内容呢?如果你想让你的 OKR 投入有所回报,你的 OKR 就应当能推动公司朝期望的方向前进,而使命、愿景、战略代表的就是公司所期望的方向(参见图 2-2)。从这个角度看,你花点时间来阅读这些内容完全必要,这将为你之后的 OKR 项目构筑起一个坚实的基础。

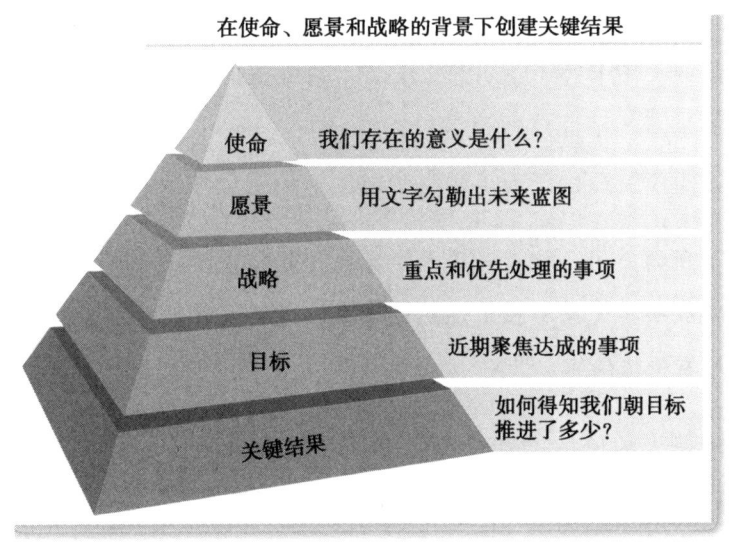

图 2-2　OKR 背景

使命

任何人,无论是客户、员工或战略合作伙伴,在初次接触一个组织时,脑海里都会冒出一大堆疑问:何为组织?组织存在的理由是什么?组织使命要能回答这些问题。[9]

使命陈述定义了一个组织的核心意图,即它存在的理由。使命也反映了员工加入公司工作的动机。私营企业的使命通常会受股东关切点的强烈影响,但即便如此,使命也应当给出除股东财富以外的其他存在理由。现今时代，华尔街资本掌控一切，它们通常只看是否达成数字预期，但使命陈述不应完全局限于此，它应该描述组织是如何真正服务于公共利益的，以及为什么组织要这么做。这是任何组织所应担负的真正责任。

无论在工作中还是在生活中，我们都希望能为他人做贡献。生活不止是为了眼前的柴米油盐，更是为了去追求一份伟大的事业，做一些有意义的事。组织使命正是要反映人们的这一普遍愿望。惠普公司创始人戴维·帕卡德（David Packard）对此深信不疑，他将这作为其管理哲学的基石。下面这段话源自1960他在一次年度演讲上对使命所做的解读，如今虽然已过去了逾半个世纪，但它仍然很有价值：

> 所谓公司，就是一群人聚集在一起组成的一个机构，以共同完成一些大家单独无法完成的事，这群人贡献于社会……做一些有价值的事。[10]

组织最大的价值，是给我们提供了做一些有意义的事情的良好机遇，让我们能够通过工作获得真正的意义感和满足感。

愿景和战略有具体的达成时限，但使命应该是永远不可达的。它就像是你工作中的灯塔，始终照亮你前方。你可以无限逼近，但永远无法到达。可以把使命当成导航你的组织的指南针，指南针可以在你迷路时把你导航到安全的地方。一个强而有力的使命是组织及时应对不确定性的良好向导。

为什么要花时间去创建一个使命

在进一步深入探讨前，我们应该承认存在一种呆伯特（Dilbert）式的回应：使命和愿景通常只存在于那些厌倦变革的新老企业中。一些企业把它看成一无是处，仅仅是公司的一种自我粉饰，言辞空洞且不能给组织带来任何价值。对此，我们表示严重的不认同。我们坚信使命对 OKR 项目的实施至关重要。

我们已经说过，OKR 不能凭空创建，如果你希望 OKR 真正发挥其价值，你应当为它设置一定的情境。战略是 OKR 最直接的上下文，但 OKR 同时还必须支撑愿景的达成，也必须同组织使命保持一致。如果 OKR 能真正体现你公司的使命，它必定会确保公司上下行动一致，为你带来巨大价值。现在你手里有了一个指南针，你能随时知晓整个团队的行动情况。你的任务就是让使命不至沦为一种装饰，而是要真正发挥其能量。

有效的使命陈述

在知道了什么是使命后，接下来我们来看一下一个有效而持久的使命所应具备的特质：

- **简单明了**：德鲁克曾说过，组织所犯的最大的错误之一，就是把使命当成了"好心的大杂烩"。[11] 这句话虽然简洁却意义丰满，非常精准地指出了很多组织使命的问题所在。任何一件事情，要做到让所有人都满意是不现实的。你不可能在使命中无所不包的同时，还能让大家保持专注。使命必须体现你所要专注的那个领域。

- **激发改变的欲望**：虽然你的使命不会变化，但它应当能在组织里激发起大家的巨大改变。使命是永不可达的，它应该持续不断地推动组织前进，激发组织产生积极变化并不断成长。例如，沃尔玛的使命是："为顾客省钱，从而让他们生活得更好。"[12] 也许 100 年后的零售业和现在看起来截然不同，但可以确信的是，人们仍然希望可以省钱。

- **长期性**：组织使命应当能持续至少 100 年以上。虽然在此期间组织战略会不断调整，但使命应该始终保持其作为组织基石的特点不变，使命是组织未来所有决策的基石。

❑ **易于理解和沟通**：使命陈述一定不要打谜语，它应当是大白话，让所有人都明白。一个令人信服和难忘的使命应当触及人们的内心，是对他们说的，鼓舞他们为组织目标而奋斗。如果你还没有一个使命陈述，那么可以参考一下图2-3，它为你提供了一个简单的样例模板供你参考借鉴。

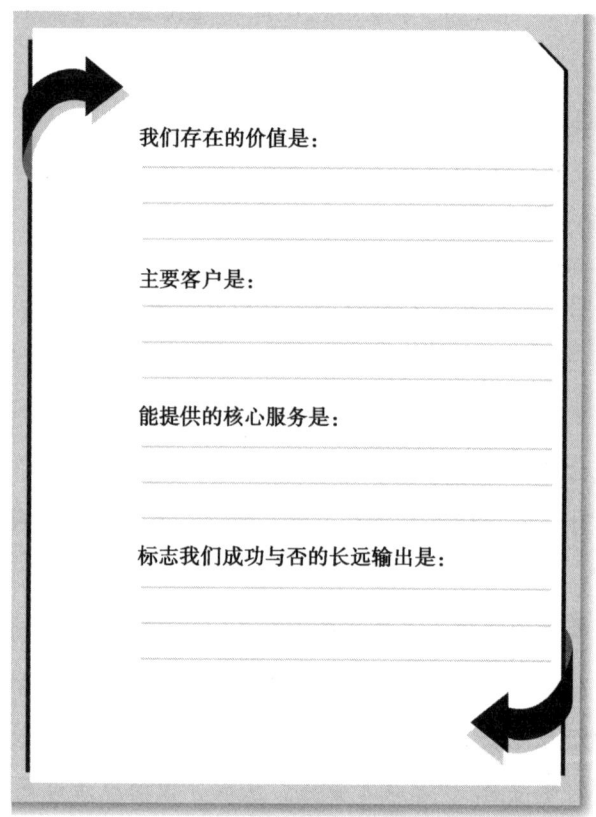

图2-3 简化的使命陈述模板

如果你已经有使命陈述了

很可能你的公司已经有了使命陈述。也许它就自豪地张贴在组织的某面墙上，或者相反，它悲哀地被放置一旁无人知晓。如果是后一种情况，没人看见也没人听过使命陈述的任何信息，这很可能就意味着你应该要审视一下你的使命了。

可以用本章前面所描述的方法开始评估你使命的有效性，把它放在 OKR 框架中去检查你的使命是否包含了其中所有特质。除此以外，我们还给你提供了其他一些问题，以帮助你自检现有使命的有效性：[13]

❑ 使命是否切合最新情况？它是否反映了组织当前正在做什么，以及为什么要这么做？
❑ 使命同利益干系人是否相关？你的使命是否能给出你们组织为什么要存在的合理理由？
❑ 服务对象是谁？你是否应该重写使命以更准确地代表当前客户群？

图 2-4 包含了一组使命陈述样例，分别来自不同的组织。

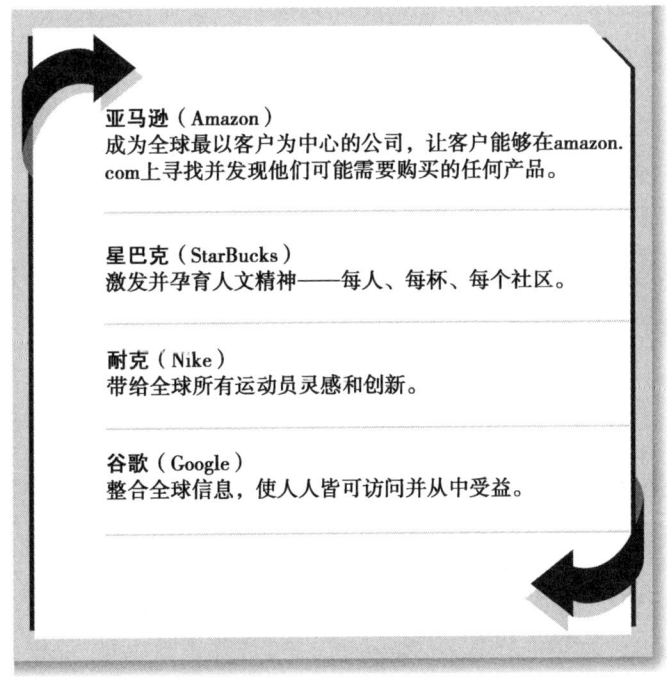

图 2-4　使命陈述示例

包含使命的 OKR，即 MOKR

如果你的高管团队不愿意花费大量时间在引入 OKR 前制定正式的使命、愿景及战略，你可以考虑一下它的简化版本，即包含有使命的 OKR，简称 MOKR（Mission Objectives and Key Results）。简单地先在公司创建一个使命，然后所有团队在该使命的指导下开发他们自己的 OKR。

有一个清晰的使命，以及与之对齐的 OKR（月度、季度、年度均可），可以确保短期工作与公司长期目标保持一致。图 2-5 展示了一个市场团队的 MOKR。在这个案例中，市场部在 1 季度所聚焦的两个目标，都对整体使命形成了有效支撑。未来这些目标可能会变化，例如变成"刷新营销推广品以包含新产品原理介绍"，以及"围绕移动市场新玩家提供第一份综合性的、有竞争力的分析报告"。但无论目标怎样变化，使命是保持不变的，目标要能确保其对使命的支撑关系。

我们曾在一家中等规模的软件公司部署过 MOKR。这家公司有 5 个业务单元、大约 50 名团队领导者。同每个管理者定义团队使命的那 10 分钟是整个制定过程中最有价值的部分。这项活动让 CFO 充分了解到了每个团队的核心意图，以及这些意图是如何适配更大的公司蓝图的。另外，通过公开所有使命陈述，可以很容易了解到各个团队之间是如何联结，以及整个组织是如何保持一致的。

愿景

什么是愿景陈述

在前一节中，我们看到了一个强而有力的使命的重要性，它决定了一个组织的核心意图。在有了使命之后，现在我们需要一个描述，能更具体地定义我们未来将往何处去。愿景陈述就是要达成这个目标，它标志着从恒久不变的使命向更加激烈动荡的战略世界的过渡。

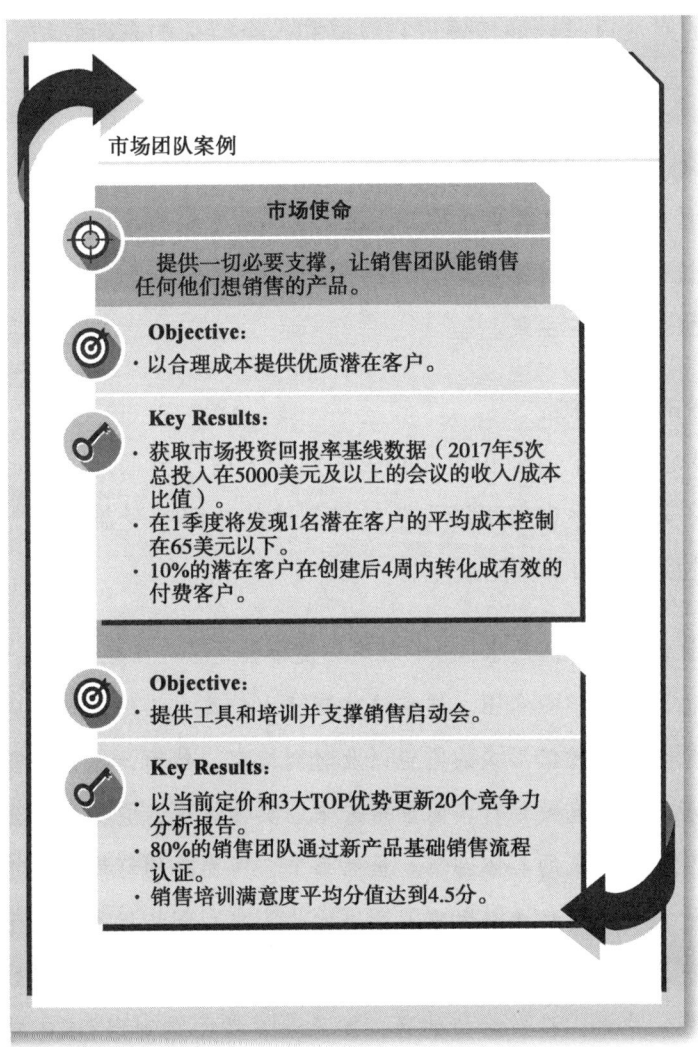

图 2-5　MOKR 示例

愿景陈述给出了这样一幅文字图像：组织将在未来 5 年、10 年甚至 15 年后成为什么样子。愿景陈述不应该是抽象的，它应该尽可能具体地勾勒出期望的状态，为战略和 OKR 的具像化提供基础。强而有力的使命能为组织里的每一个人构建一个共享的心智框架，把通常很抽象的未来赋予具体的形式。愿景通常和使命（意图）相伴而生，一个没

有使命的愿景只是一厢情愿,它没能和一个持久的东西联结起来。愿景陈述的典型元素包括:

- 业务活动的期望范围。
- 利益干系人(客户、员工、供应商、监管机构等)如何看待公司。
- 领导力或独特竞争力。
- 强烈的价值主张。

有效的愿景陈述

如果没有一个清晰和扣人心弦的愿景去指导员工行动,无论你设想得多么美好,你也很可能无法从你创建的战略中受益。一个有效的愿景陈述应具备如下特征:

- **量化且有时间约束**:一个组织的使命描述了一个组织存在的理由,也即它的核心意图。通常这些陈述由鼓舞人心的语句组成,但不包含任何数值形式的愿望以及时间设定。然而,愿景必须包含两者以确保有效可行。愿景是未来的具体体现,它必须为公司指明可见的将来的具体细节。虽然每个公司面临的环境各不相同,不过很多公司都选择用看似激进的收入或利润指标去描述愿景。其他公司可能会以所服务的客户数量或进入的区域作为愿景的一部分。总之,没有数值的话,就无法支撑你在制定OKR时和愿景对齐。
- **简洁**:最好的愿景是那种能迅速抓住你注意力并一下子吸引你,而不是那种连篇累牍让你感到厌倦的描述。通常越简单的愿景越强大,也越有吸引力。2008年可口可乐CEO穆泰康(Muhtar Kent)就任时,有人问他即将推进的首要任务是什么,他毫不犹豫地回答道:"建立一个愿景……一个关于成功的共享图像。我们叫它2020愿景，这要求我们在10年内实现业务量翻番，这是勇者所为，我认为我们可以做到。"[14] 他的愿景简洁而有力，同时，他的愿景还是量化和有时间限制的。

- **同使命保持一致**：你的愿景是对使命（为何存在）的进一步展开。如果使命倡导为客户解决问题，并且你的一个核心价值观是要持续创新，那么我们期望在你的愿景里看到和创新的关联。愿景是为可预期的未来描绘一幅蓝图，它将促成使命的达成，所以一定要确保二者是一致的。

- **可验证**：商业术语会让你的愿景描述变得模糊和难以理解。如何让大家确切地知道他们已经成为了"世界一流""前沿"或者"质量上乘"？愿景陈述就是要回答这些问题。穆泰康指出的10年内业务翻番的描述就十分具体。在使命永不改变的情况下，愿景应当不断改变，因为它是针对一个固定周期的。

- **可行的**：愿景不应该是高级管理团队的梦想集合，它应该根植于现实。为确保做到这一点，你必须对你的业务、市场、竞争者以及新兴趋势都有清晰的理解。

- **鼓舞人心的**：你的愿景陈述代表的是组织可预期的未来的蓝图，不要错失了激发你的团队为此做出情感承诺的机会。愿景不应该只是给大家提供指导，更应该点燃大家的激情，要鼓舞人心。愿景必须让从董事会到车间的所有人都能理解它。所以，要抛弃简单的词汇堆砌，聚焦对业务的深入理解，让使命陈述对所有相关的人来说都有意义。

愿景制定

"回到未来"是一个很有趣的练习，可以用来帮助你开发出使命陈述。以个人为单位或以团队为单位都可应用这个过程。为描述方便，我们假定以团队为单位开展。首先，给每位参与者分发几张 3×5 索引卡片，同时为了便于记录，还给他们分发一次性相机。在活动开始时，让每个团队成员去畅想他们在未来 5 年、10 年、15 年后的某天早上醒来时（具体周期你可自行设定），他们印象最深刻的场景是什么。用他们的一次性相机记录下这些重要场景及变化，然后在每天结束时，他们必须为自己拍摄的照片写一份说明。说明可以写在你分发的索引卡片上。在整个过程结束时，他们已经累积了一些对未来的详细图像。给参与者 15 分钟去想象他们的未来之旅，鼓励他们在头脑里捕捉尽可能多的图像，并问他们：

- ❑ 我们组织里发生了什么？我们成功吗？
- ❑ 我们服务哪些市场？
- ❑ 和竞争对手相比，我们的竞争优势是什么？
- ❑ 我们已经实现了什么目标？

记录下大家选项卡上的说明，把它贴在挂图上，或者笔记本电脑里，把它们作为愿景描述的草稿输入。

我们确信你会喜欢这个活动，但更重要的是活动的输出。你的愿景可以有效弥补现在与未来之间的绩效差距，你在公司范围内创建的 OKR 将被设计来关闭这一差距，因此愿景对于 OKR 最大程度地发挥作用至关重要。

战略

在前面章节讨论使命和愿景时，我们还能对内容进行压缩。但是，战略是一个特别庞大的命题，有成百上千本关于该主题的著作、文章和白皮书，所以要将其精简缩略成寥寥数语几乎不太可能。由于战略可以直接为你的 OKR 创建提供背景输入，因此它尤其重要，所有

OKR 都应该直接源于战略——你成功开创新市场空间或维持激烈竞争的现有市场空间的周密规划。因此，在 OKR 实施之前，我们希望你已制定好一个合适的战略。如果你读到这里时头脑里想的是，"战略是我们 CEO 的事，他知道战略是啥"，那么麻烦就大了。就像船不能没有舵一样，如果你创建了一组强大的 OKR，但却没有一个广为人知的战略与之对应，那么你就会漂浮不定，并把你的整个团队带向混乱不堪的境地。

如果你来自一家年轻的初创型企业，拥抱敏捷和精益的理念，那么你很可能倾向于跳过这一节，认为老旧的战略规划同你的快速行动的文化不相容。其实压根就不是这样的。一个核心战略锁定了一个范围，让你在面对无穷无尽的机会时，知道该如何取舍——不做什么和做什么同等重要。它还能帮你选择可行的机会点，保持聚焦，让整个组织保持一致，言出必行。[15]

本书作者保罗开发了一个管理模型以指导如何制定一个战略，在这里我们提供的只是这个模型的简略版。该模型主要回答了 4 个基本问题。如果你没有一个合适的战略，或者战略还没有被广泛传播和被所有人理解的话，我们强烈建议你召集你的团队来回答如下问题。

战略演进[16]

在写作 *Roadmaps and Revelations* 一书前，保罗仔细研究了数百个战略规划，以及迈克尔·波特、亨利·明茨伯格、迈克尔·雷纳（Michael Raynor）、W. 钱·金（W. Chan Kim）、勒妮·莫博涅（Renee Mauborgne）等人的著作。在这个过程中，他不断问自己：是什么元素一再反复出现？也即有效战略的 DNA 是什么？战略规划方法千千万，但有一些问题是共性的，这些问题不断以这样或那样的形式出现在几乎所有材料中，组成了保罗在该书中所描述的"战略路线图"这一过程的基础。

图 2-6 展示了"战略路线图"的概览——图的中心是战略，然后是战略的基础四问，再向外是作者称之为四个"镜像"的部分，每个镜像都能帮助你回答这些基本战略问题。四个问题和相应的"镜像"，共同驱动了战略的形成。

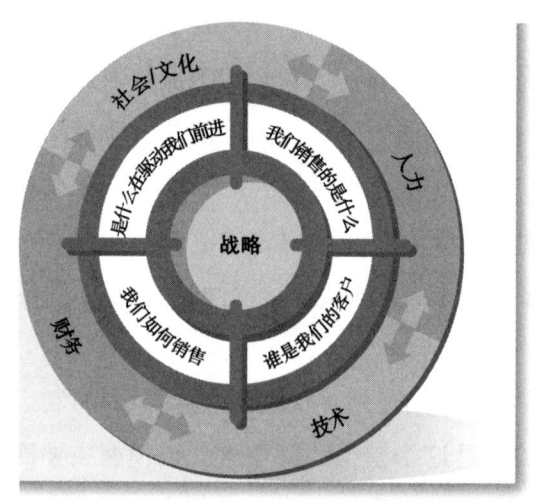

图 2-6　战略基础四问

创建战略时你必须回答的四个基本问题

让我们来一一回顾这四个基本问题，首先来看第一个。

是什么在驱动我们前进

此时此刻，你的组织正被一股力量驱动着朝某一方向前进，这股力量源于你多年来在员工身上的财力分配以及相关技术应用上的决策倾向。也即是说，是公司的身份认同在驱动你前进。换言之，当人们说"这是一家_____公司"时，空白部分通常代表的是驱动你们前进的力量。拥有一个独一无二的身份标识已被证明可以促进股东总回报

（total shareholder return，TSR）。一项研究表明，那些拥有一个清晰、独一无二且保持一致的身份标识的公司，与那些缺乏清晰身份标识的公司相比，拥有更高的三年股东回报率。[17]

绝大部分组织将典型地被如下六种力量中的一种所驱动：

- **产品和服务**：被产品和服务驱动的公司，会使用多种渠道向不同的客户群进行销售，但它们通常会聚焦在某一核心产品或服务上。例如可口可乐，它聚焦在非酒精饮料上，拥有数百个全球品牌。
- **客户和市场**：致力于客户和市场的组织，可能也会提供一系列产品或服务，但它们专注于某一特定客户群。例如强生多样化的产品有一个共同点，它们都瞄准一个核心市场，即医生、护士、病人和妈妈。
- **容量或能力**：酒店关注的是容量，它们有一定数量的房间可用，其目标很简单，就是让这些房间住满客人。航空运营也是如此：让座位满员。能力驱动型公司拥有特定领域的专业技能，并将这些技能应用到任何可能的产品或市场上。
- **技术**：一些组织拥有可用于不同产品和客户群的专利技术。例如杜邦公司，在20世纪30年代发现了尼龙，杜邦公司持续不断地将该技术应用于不同产品，包括鱼线、丝袜和地毯。
- **销售和分销渠道**：这里关注的是"如何做"，而非"是什么"和"谁来做"。销售渠道驱动型组织会通过特定的渠道，推动销售各种各样的项目。电视网络购物就是一个很好的例子。这一小时讲你在哪里可以购买到化妆品，然后下一个小时讲你在哪里可以买到DVD播放器。
- **原始材料**：如果你是一家石油公司，你所销售的任何东西都源自于你从地下挖掘出的黑金。你可能具备一定的技艺，将石油重塑成不同种类的产品，但所有产品本质上都源于石油这个原材料。

一些人在看了这六个领域后，可能认为要在激烈竞争的市场环境中取得成功，必须同时在这些领域都成功。这在理论上可行，但事实上极其困难。这样做不可避免地会让本已困惑不堪的员工更加不知所措。当面临机会抉择时，他们不知道该如何取舍，该走哪条路。总而言之，什么都聚焦就等于什么都不聚焦，只会导致次优结果。为了更好地利用这一原则，你必须让你的组织忠实于一个驱动力量，围绕它分配资源、人力和财力。找出是什么力量在驱动你前进，并持续地去优化它。

我们销售什么

不管是六种驱动力量中的哪一种在驱动你的组织前进，你总要销售点什么——产品、服务或者二者组合——以确保组织得以延续。这个问题的固有挑战在于如何做出关键选择：未来将在哪些产品和服务上倾注更多精力？在哪些产品上投入更少精力？

以美国有线电视频道为例，曾经它的母公司时代华纳以及哥伦比亚广播公司在其内部署了一个新网络并对它寄予厚望，但结果却不尽人意，很快就有人怀疑这家公司会关门大吉。意识到需要做出战略取舍之后，有线电视频道重新回到它的老本行上来，决定着重经营针对女性的节目。时任美国有线电视频道总裁唐·奥斯特罗夫（Dawn Ostroff）宣布了这一转变，她说："我们真正需要的是在市场上脱颖而出，而不是另外再成立一个广播公司……对我们而言，重要的是要同过去有所区别并创立一个很有希望的传奇品牌。"有线电视频道将未来寄托在一些电视剧上，诸如《绯闻女孩》《新飞跃比弗利》《新飞跃情海》等，所有内容都围绕年轻女性这一主题展开。这一传统保持至今，同类题材电视剧有《处女情缘》《疯狂前女友》等。

谁是我们的客户

在决定把产品和服务卖给谁时，你将需要再次做出抉择：未来你将把重点放在哪个客户群以及地区？哪些地方不值得你分散注意力？回答这个问题的首要步骤，是要清晰地了解你当前的客户群，这可以通过审视一些标准的度量数据来实现，例如客户净推荐值、每个客户群的利润情况、保留率、市场占有率等。为了打破局限性，站在客户角度去看问题非常重要，这可能是你待在企业总部所无法获取到的。高端化妆品公司雅诗兰黛旗下有30个品牌，包括标志性的MAC和倩碧（Clinique），它曾经遇到过这个问题，并据此做出了战略取舍。CEO法布里齐奥·弗雷达（Fabrizio Freda）命令公司减少对美国百货公司的依赖，把这作为公司最高优先级来处理。雅诗兰黛在美国百货公司的销售额接近1/3，它准备聚焦在持续增长的新兴市场及亚洲。

通常，"我们卖什么"以及"我们的客户是谁"这两个问题是相辅相成的。解决一个也就解决了另外一个。回想美国有线电视频道的做法，它通过战略选择最终确定提供面向年轻女性的节目（我们卖什么？），实际上也等于将年轻女性作为了其核心客户群。

我们如何销售

在战略基础四问中，也许这个问题最为关键，因为它决定了你的价值主张。换句话说，你是如何为客户创造价值的；或者更简单点，客户为什么要从你这里购买东西？虽然这个问题很重要，但你选择的余地却并不大，你要么尝试为客户提供低成本的产品或服务，要么提供差异化的产品或服务。

采取低价竞争战略的企业，尤其注重标准化的人力、流程以及资产，以实现批量重复生产，从而为客户提供低成本产品或服务，例如零售业的沃尔玛，或者快餐业的麦当劳。

采取差异化战略的企业有两种可选路径，第一种方法是通过培养同客户的深厚而多样化的关系，从而让你聚焦的不是一次性交易，而是长达数年或者数十年甚至一生。这就是大家所熟知的客户亲密度。诺德斯特龙（Nordstrom）就是一个很好的例子，它的客户服务非常有名，这让它能保有长达数年的回头客。

另外一种差异化方式是在产品中提供与众不同的功能，创新、尖端设计、丰富的功能以及最新技术，都是苹果这类组织的标签，它们采取的是销售顶尖产品战略。

正如我们所看到的那样，在所有四个问题中，这个问题最需要你在组织内部达成一致。很大程度上，它代表了你对前面几个问题的回答的总和，同时它也将显著影响你未来的决策以及投资方向。

四个镜像

你将如何回答这些战略问题？在战略路线图的外环你会看到我们称之为"四个镜像"的东西，可以把每个镜像当成帮助你回答你正在思考的问题的一种手段，或者当成你做出不同取舍时的一种全新视角。

当你完成一个基本问题之后，你可以把"指针"移到外环上的下一个镜像上去。我们喜欢把这个过程比喻成是在保险箱上拨动键盘。只不过你在拨动保险箱键盘时，只有唯一正确的组合，但对这四个镜像来说，每一种问题和镜像的组合都是 OK 的，因为每种组合都会以一种新的具有启发性的方式向你提出挑战。下面是对每个镜像的归纳：

❑ 社会/文化镜像：在《路线图及演进》（*Roadmaps and Revelations*）一书中有一句名言："你必须从心开始。"当讨论战略问题并设想可能的答案时，请考虑哪个回答最能和你产生共鸣。举例来说，如果你们公司是专利技术驱动型，有着较长的技术传统优势，这是员工引以为豪的地方之一。那么从社会/文化的视角看，将你公司的精力转而聚焦到客户和市场上（或者其他方向）就是一种不明智的选择。这个迹象表明，只有当你公司的人发自内心地认可转变，转变才会真正发生。

❏ **人力镜像**：当讨论战略问题的答案时，了解你团队成员的技能及人才现状同样至关重要。你可能希望去销售冲浪板，因为你团队中有3个狂热的冲浪爱好者。但如果你的销售人员压根就没去过海边，你成功的几率就非常的小。在这种情况下要想成功，就必须开展培训、咨询（咨询冲浪顾问）或者招聘新人来填补人才短板。

❏ **技术镜像**：对各行各业而言，技术正变得越来越关键，因此你在回答四个基本问题时，必须仔细考虑它。你们是否需要考虑在新技术上投资？你当前正在应用的技术怎么样？它将变得多余吗？意识到四个镜像间会相互影响也很重要：新技术需要新技能，即"人力镜"。技术是你能引入的最危险的事情之一，对经验丰富的员工来说更是如此，因此你必须对你公司的社会/文化这个镜像有很好的把握才行。

❏ **财务镜像**：这是四个镜像中最基础的一个，但可别小瞧它，当你回答那四个基本问题时，你做出的每个决定都需要进行资源分配。例如，培训员工掌握某一技能短板（人力镜像），投资新技术（技术镜像），或者创建一个宣传活动以支持你选择的方向（社会/文化镜像）。另一方面，还必须从潜在收入和利润方面去考虑每个决定，这是每个决定背后的真正推手。

你可能还记得，全球企业在战略执行上的表现非常糟糕，也许原因之一就是很多公司没有真正的战略。虽然他们可能拒不承认，但他们实质上有的只是一些指导意见，或者初步的商业计划，他们从未花时间和精力去构建一个真正的战略。再说一次，如果你的公司也面临类似处境，你应当尽快召集你的团队，用上面提到的简单却有效的问题去找出你公司独一无二的战略。

注释

1. Marcus Buckingham, *The One Thing You Need to Know* (New York: The Free Press, 2005).
2. Chris McChesney, Sean Covey, and Jim Huling, *The Four Disciplines of Execution: Achieving Your Wildly Important Goals* (Free Press, 2012; Kindle edition, location 483).
3. Ram Charan and Larry Bossidy, *Confronting Reality: Doing What Matters to Get Things Done* (New York: Crown Business, 2004).
4. Steve J. Martin, Noah Goldstein, and Robert Cialdini, *The Small Big: Small Changes That Spark Big Influence* (New York: Grand Central Publishing, 2014).
5. John Wooden and Jay Carty, *Coach Wooden's Pyramid of Success* (Ventura, CA: Regal, 2005), 34.
6. Michael Beer and Nitin Nohria, "Cracking the Code of Change," *Harvard Business Review* (May–June 2000): 133.
7. McKinsey & Company, "The Science of Organizational Transformations" (September 2015), www.mckinsey.com/business-functions/organization/our-insights/the-science-of-organizational-transformations#0.
8. Portions of this section are drawn from Paul R. Niven, *Balanced Scorecard Evolution: A Dynamic Approach to Strategy Execution* (Hoboken, NJ: John Wiley & Sons, 2014).
9. Michael Allison and Jude Kaye, *Strategic Planning for Nonprofit Organizations* (New York: John Wiley & Sons, 1997), 56.
10. James C. Collins and Jerry I. Porras, "Building Your Company's Vision," *Harvard Business Review* (September–October, 1996).
11. Peter F. Drucker, *Managing the Non-Profit Organization* (New York: Harper Business, 1990), 5.
12. http://panmore.com/walmart-vision-mission-statement-intensive-generic-strategies. Accessed November 11, 2013.
13. Thomas Wolf, *Managing a Nonprofit Organization in the Twenty-First Century* (New York: Fireside, 1999).
14. Muhtar Kent, "Shaking Things Up at Coca-Cola," *Harvard Business Review* (October 2011): 94–99.
15. David Collis, "Lean Strategy," *Harvard Business Review* (March 2016).
16. Paul R. Niven, *Roadmaps and Revelations: Finding the Road to Business Success on Route 101* (Hoboken, NJ: John Wiley & Sons, 2009).
17. Paul Leinwand and Cesare Mainardi, "What Drives a Company's Success? Highlights of Survey Findings," *Strategy&* (originally published by Booz & Company, October 28, 2013), www.strategyand.pwc.com/reports/what-drives-a-companys-success. Accessed March 16, 2016.

Objectives and Key Results

第 3 章

创建有效的 OKR

奥马哈

这里提到的"奥马哈",并非美国内布拉斯加州(Nebraska)的奥马哈城,也不是1944年盟军诺曼底登陆的奥马哈海滩。这里的"奥马哈"实际上是一句口头禅。近期刚退休的美国橄榄球界传奇人物佩顿·曼宁(Peyton Manning)在其职业生涯的最后几年里,无数次在争球线上说过这个词。即便你不是橄榄球迷,你也一定知道佩顿·曼宁这个人。他是美国国家橄榄球联盟的全能型球员,在触地抛球、传球码数、赢球数以及其他很多方面都是冠军。曼宁以他一丝不苟的准备著称,他逼近争球线、关注对方防守形势,一旦准备就绪,就会大喊一声"奥马哈",然后抓住球,上演一场好戏。为了最大可能地让团队取胜,曼宁会抓住任何可能的机会,只有在自己做好了充分准备,可以突破对方防线漏洞时,才让队友传球给自己。

现在,我们也要对你说一声"奥马哈"。在你可以正式应用OKR并感受到我们在第1章中提到的众多 OKR 优势前,你应当先做好充分准备,具备创建强大、有效的 OKR 的能力。我们会在本章里告诉你怎样才能做到这点。

我们会告诉你，要创建一个OKR具体需要做些什么。特别地，我们会勾勒出一个高质量OKR所应具备的特质，并为你提供一些小技巧以帮助你轻松达成，同时还会提醒你注意防范在OKR制定过程中可能出现的一些误区。另外，本章还涵盖了如下主题：

- OKR和健康度量项的区别；
- 如何给OKR打分？
- OKR制定频率；
- 多少OKR合适？
- 具体如何制定OKR？

你可能还在疑惑，曼宁为什么这么喜欢说"奥马哈"？曼宁自己从未解释过这个问题。但你一定明白我们为什么要在这里用这个词。准备好了吗？奥马哈！

创建一个宏伟目标

回忆一下我们在第1章中对目标的定义：所谓目标（Objective），是对驱动组织朝期望方向前进的定性追求的一种简洁描述。目标要回答的一个基本问题是："我们想做什么？"表面上看，这个概念并不难理解，但根据我们和全球客户的工作经历，以及同其他一些很有思想的领导者、咨询师的交流情况来看，很多企业正苦于如何才能创建出高价值的目标。做出理性选择是一件很难的事（这或许能很好地解释为什么美国人花在选购电视上的时间多于开设退休账户的时间[1]）。很多

---

[1] 《哈佛商业评论》2015年5月刊文章《好设计造就好决策》指出，人类主要有两种信息处理和决策模式，其中系统1依赖直觉，更关注具体、立即可见的结果，较少关注长期效果；系统2则要求个体审慎地进行逻辑分析。选购电视更多依赖直觉1，开设退休账户则更多是系统2的行为。——译者注

公司通常缺省选择的都是一些普普通通的目标，这对推进公司战略的落地帮助甚微。

对那些刚接触 OKR 的人来说，由于缺乏具体场景，可能刚开始会觉得无所适从。他们很疑惑的一个问题是："一个好的目标具体是什么样的？"为了帮助大家跨越这道障碍，我们将首先列出高质量 OKR 所应具备的几个标准，当创建你自己的目标时，请你时刻记住这些标准。

鼓舞人心

一个好的目标不仅仅是对商业结果的简单文字堆砌。任何人都能找出一堆商业术语，然后把它们整合到一起，去表达一些他所希望传递的信息，这很寻常。我们希望帮助你创建的是一个更宏伟的目标。你的目标应当具备鼓舞人心的力量，驱动人们达成更高的绩效。人们应当被目标本身所蕴含的内在挑战性和感染力所影响，从而激发出他们与众不同的创造性。Upserve（前身为 Swipely）是一家运用人工智能帮助旅馆提升绩效的公司，其 CEO 安格斯·戴维斯（Angus Davis）就领悟到了目标的这个本质，他说：

> 如果你知道 10% 的提升对你来说轻而易举，那么就不应该把它设置为你的目标。因为这意味着你和过去没什么两样，只是比以前努力了那么一点点而已。但如果我告诉你，我希望你负责的那块要提升 50%，你很可能会说："天啊，要做到这一点，我不得不使出浑身解数。"或者说："我需要重新思考现在正在处理的 X 或者 Y。"那才是 OKR 的应有之意。你对自己的定位越高，你就越有可能努力思考并真正地实现它。[2]

可达到的

这个标准直接出现在"鼓舞人心"的标准之后并不奇怪。在制定目标时,你必须要找到理想与现实的平衡点。一方面,我们鼓励你尽可能地将员工的想象力发挥到极致,但这应当有一个度。如果你做得太过火,对公司而言可能就是一场灾难。在一项名为"狂野目标"的研究中,研究人员发现,如果目标过于挑战,会产生一定的副作用,包括对企业文化的侵蚀、动机衰退,以及诱使大家铤而走险或实施一些不道德行为。另一项研究发现,当一些管理者意识到自己的目标不可能达到时,更有可能会虐待其下属。研究人员指出,这其实就是企业版的"踢猫效应"㊀:把自己所受的气撒到他人身上。[3]虽然没有一个固定的规则来评判什么叫作目标可达到,但你可以充分发挥集体的智慧,广泛收集员工意见以帮助你做出更好的判断。

以季度为周期

我们将在本章后面部分讨论 OKR 的实施节奏,这里我们假定你是以季度为周期制定 OKR,那么你肯定希望在接下来的三个月里完成点什么。如果你草拟了一个目标,但大家普遍认为这个目标可能需要一年时间才能完成,那么你这个目标就更像是一个战略,或者愿景。我们在第 2 章中讨论过,战略、愿景、使命和目标应各司其职,目标应该符合你所建立的这套体系的时间节奏,因此它应该以季度为周期开展。最近我们在和一个客户的"企业沟通部"一起工作时,他们制定了一个这样的目标:"通过沟通提升销售人员的成功销售概率。"这更像是一个使命,他们部门存在的核心价值也正在于此。无论商业模

㊀ 踢猫效应,其实是弗洛伊德的自我防卫机制(self-defense mechanism)当中的置换作用(displacement)——将能量从不可触犯的客体,转移到其他可以触犯的客体之上。简单来说,就是把脾气发泄到对自己比较没有威胁的人身上。——译者注

式如何变化，他们肯定都需要通过沟通去提升员工的成功销售概率。很明显这并不是一件 90 天内能完成，然后就可以放下不管的事。

在团队可控范围之内

无论是公司、业务单元、部门、团队还是个人，在其创建 OKR 时，都应该确保达成结果在其相应层级内是可控的。通过 OKR 来促进跨部门协作当然很重要（我们将在第 4 章讨论这个话题），但当你创建 OKR 时，你一定要非常清楚：你应当有办法独立地去实现它。如果到了季度末，你的目标没能实现，而你的第一反应居然是："由于销售部门没有按期交付，所以我的目标没能完成。"如果你是这样想的，那你就完全没有领悟到 OKR 的精髓。

有商业价值

由于这条标准是那样的显而易见，因此我们不准备用很多篇幅赘述之。你的目标应当源自战略，为企业战略贡献价值。如果目标最终不能带来任何商业回报，也就没有必要耗费资源去完成它了。

定性的

这条标准尤其简洁。目标应当代表着你希望完成的那些事，因此它应当以文字的形式而非数字的形式来表述。用数字说话那应当是 KR 所关注的内容（参看图 3-1）。

创建目标的小技巧

在前一节中，我们讲解了创建目标时你应当努力达成的几个标准。为帮助你更好地达成这些标准，我们将为你提供一些小技巧和操作建议供你参考。

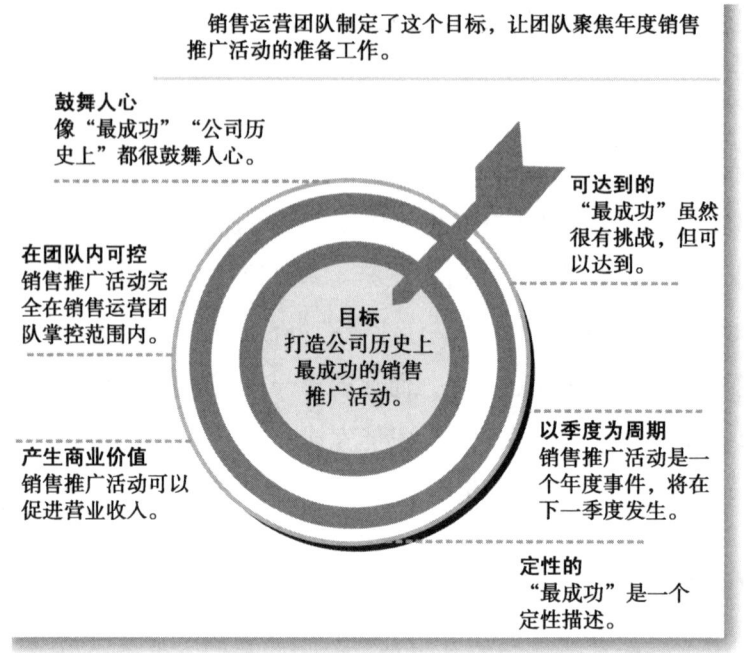

图 3-1 一个有效的目标图例

避免原地踏步

我们这里给你的建议同前一节是一致的。你的目标应当鼓舞人心并且能增加商业价值。你应当始终确保新的目标和你的能力最大程度地匹配。因此，你应当尽量避免将你的目标描述为你已经能达到的高度，比如"维持市场份额"或"继续培训员工"。如果你不做任何改变就能轻而易举地完成一个目标，那很可能意味着你并没有推动业务增长。

及时澄清疑问

我们都经历过公司会议室里无休止的讨论场景。大家你一言我一语地讨论，看似很激烈，但实际上对手头的任务推进毫无帮助。通常，解决这种混乱局面的最好方式就是简单直接地问一个问题："你说的……是什么意思？"当创建一个目标时，大家通常都会有很多想法，这些想法包含了一些有价值的信息，但它们时常表达得很含糊。举例来说，有人给你提了一条建议，说你必须"为客户创造价值"。这时你应当像一个OKR人类学家一样，要咬文嚼字地弄清楚这句话背后的具体含义是什么。这里的"客户"是指某些特定客户呢，还是所有客户？这里的"价值"指的是什么？从抽象到具体抽丝剥茧地穷追不舍，可以帮助你找出那些真正需要你聚焦的目标究竟为何。

用积极正向的语言去表述目标

理想情况下，你的团队应该齐心协力地去达成你设定的目标，因此你应该仔细考虑如何描述它。研究表明，人类更愿意去追求他们想要的，而不是避免他们不想要的。举例来说，假如你想改善你的饮食习惯，那么在设定目标时你有两种选择，你可以减少摄入的垃圾食品的数量，或者从健康食物中摄取更多能量。后面一种表述方式会迫使你去研究哪些是健康食物，识别出那些你愿意去尝试的食物，最终更有可能成功。

提供简单指引

最近有一项研究，以180名中国高校学生为实验对象，研究激发创造力的更有效的方式。学生们被分配了两个任务：完成一个故事，并用贴纸设计一个拼图。第一组只是简单地得到了这个任务；第二组在得到任务的同时还得到了一个额外的指令："请尽可能地去创新"；第三组也收到了同样的任务，但是得到了一个简单但具体的指引，以告诉他们如何完成这项活动。例如，"折叠或者撕开贴纸以得到不同形状和尺寸的材料。"四个独立裁判评价了这三组的创造性后发现，获得简单但却具体的指引的第三组最具创造性。具体的指导给了学生一个很好的起点，并引导他们释放创造性。[4] 头脑风暴目前仍是一种十分流行的工具，但事实上从一片空白开始会抑制大家的创造力。在开始设定目标前，请划定你的简单的边界在哪里。刚开始时建议你制作一个清单，包括我们在上一集中介绍的有关目标的特征。

从动词开始

这一点非常基础，但却总被遗忘。所谓目标，是对驱动组织朝期望方向前进的定性追求的一种简洁描述。这就意味着要行动。因此每一个目标都应当以动词开始，体现一定的行动以及对期望方向的贡献。出于简洁的需要，一些组织把它们的目标截得很短，比如用类似"客户忠诚度"这样的中性词汇来表述。这种表述事实上算不上是一个目标，因为它表述的是一个模糊的期望，没有提供任何价值点，从而没有给员工指明如何做以达成它的方向。公司到底是希望提升客户忠诚度，还是利用客户忠诚度，两者是完全不同的，从而会导向到不同的行动上。行动动词才是那个让你的目标活灵活现的关键。

是什么在阻碍你前进[5]

在1841年的伦敦，美国肖像派画家约翰·戈夫·兰德（John Goffe Rand），遇到了一个困扰他那个时代所有画家的难题，即如何确保油画颜料在使用之前不致干涸。当时最好的解决方案是使用猪膀胱来密封，要使用颜料时，画家就用大头针刺破猪膀胱，但很显然，刺破后就再也不能密封了，从而导致颜料很快干涸。另外猪膀胱价格昂贵，也不是特别好携带。兰德广泛研究了这个问题，设计出了一个解决方案，即锡制颜料管。虽然它也是慢慢才流行起来的，但事实上它正是印象派画家所渴求的，借以逃离工作室的束缚，自由地从周围的大千世界中去捕捉灵感。感谢兰德的这个便携式发明，在历史上开启了画家即时作画的新时代，无论在咖啡馆、花园、还是海滨，都可以即兴而作，再不受场地的约束。随后，颜料管革命性地应用了各种颜色，由于它非常实用、便宜和便于携带，各种眼花缭乱的颜色诸如铬黄和翠绿等也相继出现，这让画家能够以丰富的色调完整刻画出其所发现的任何壮观景象。这个发明如此重要，以至于雷诺阿（Renoir）⊖宣称："没有彩色颜料管，就没有塞尚⊖，没有莫奈⊜，也就没有印象派。"6

这个故事本质上展现了发现问题并创造性地解决问题，从而改善你处境的巨大力量。印象派画家的做法同样适用于目标制定。当考虑制定目标时，请问你自己一个问题：是什么阻碍了你的战略执行？在制定目标时认真分析那些阻碍你成功执行的问题，将会是一个很好的开始。

使用通俗易懂的语言

在专业分工如此多样化的商业世界中，专家们经常喜欢用一些深奥的、只有他们自己能理解的语言来描述目标。如果你想准确地传递出目标的本质，你应当选择所有人都能立即明白的语言。这样可以带来很好的传播效应，帮助大家理解它为什么如此重要。应尽量避免采用缩写式，非用不可时也应当确保所有人都理解它的含义。

⊖ 雷诺阿（Pierre-Auguste Renoir，1841—1919）法国印象派画家，以油画著称。作品有《包厢》《游船上的午餐》《小玛高脱像》《煎饼磨房的舞会》等。——译者注

⊖ 保罗·塞尚（Paul Cézanne，1839—1906）法国著名画家，是后期印象派的主将，从19世纪末便被推崇为"新艺术之父"，是现代艺术的先驱，西方现代画家称他为"现代艺术之父""造型之父"或"现代绘画之父"。——译者注

⊜ 克劳德·莫奈（Claude Monet，1840—1926），法国画家，被誉为"印象派领导者"，是印象派代表人物和创始人之一。——译者注

目标描述

遵循前面章节中给出的建议，可以让你顺利制定出一个能给你的业务带来直接价值的目标。尽管我们强调在制定目标时一定要使用通俗的语言，好让每个人都能理解它，但在实际操作时要做到这点非常困难，即使你的目标已经简单到不能再简单了，隐含其后的直接商业背景信息可能仍然比较隐晦。因此我们建议你为每一个目标增加一个简短描述。

目标描述清晰地表明了目标的含义，让所有读者从字面上就能理解目标所包含的具体内容，它不能过长，在大多数情况下应该两三句话就足够了。目标描述应包括如下内容：

- 为什么目标很重要？
- 它是如何同公司目标关联的，有哪些具体依赖？
- 它所支撑或依赖的内部客户有哪些？

请把目标描述想象成是目标为什么要存在的理由说明，就像是给CEO一个备注，给出你设定这个目标的解释。

你可能会以效率为借口跳过这一步，这里我们为你分享一个做这件事的理由。在实际制定OKR时，你可能会在一次研讨会上同时制定出Objective和KR，也有可能把Objective和KR分成多个研讨会去制定：首先制定Objective，并留一些时间给大家思考和提供反馈，然后据此做出必要调整。如果你按这种方式去做，等你召集会议起草KR时，很可能会发生一些有趣的事。你们会开始讨论Objective，并急于给Objective赋予KR，那时你才发现，你已无法再记起当初你创建这个Objective时它的具体含义到底为何。这也是人之常情，当你的目标是开放性描述时更是如此。例如"提升生产率"，没有人明白你的具体含义，因而要写出有效的 KR 几乎不可能。为了不发生类似情况，我们建议你在决定采纳一个 Objective 时立即写下它的描述信息。

好的 KR 的必备特征

前面章节深入讨论了目标，以及你在制定目标时应当遵守的标准及技巧。但是，目标只是 OKR 框架的一部分，在接下来的篇幅里，我们会检查它的另外一个关键部件：Key Results（参见图 3-2）。

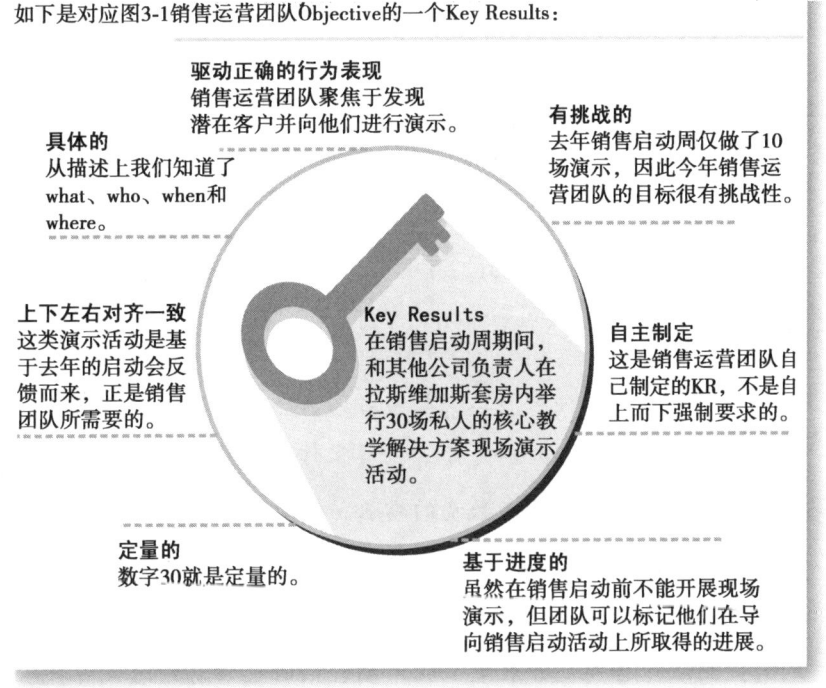

图 3-2 一个有效的 KR 解剖

第 1 章中我们把 KR 定义为衡量给定目标达成情况的一种定量描述。如果 Objective 回答的问题是"我们想做什么"的话，那么 KR 要回答的问题就是"我们如何知道是否已达成了目标"。这听起来很简单,然而要为你的业务创建一个有效的、能精确度量你的Objective进度的KR却并非易事。没有健全的指标支撑,OKR不可能发挥作用。基于这样的考虑,我们会像在目标章节的做法一样,在下文中给出制定KR时所必须遵循的标准。

定量的

目标总是定性的,代表一个期望的方向;而KR则应当是定量的,因此可以用数字去衡量我们是否达成了目标。它可以是原始数据(如网站新访问用户数)、美元金额(新产品收入)、比例(回头客百分比)或者任何其他定量描述。进度绝不能是一种观点描述,它必须是数值化的。KR要能通过客观数据提供足够的清晰度,消除任何混淆不清的地方,以确信你是否达成了目标。但数字的作用不限于进度衡量,它还能做更多事。正如前谷歌员工、现任印度电商Flipkart总裁的尼克尔·德塞(Niket Desai)告诉我们的那样,数字还能激发创造性思考。

> 我曾经工作的公司和三类参与者间有一个标准的网页发布模式,这三类参与者分别是读者、博客作者和广告商。公司发现每次活动都会引起读者数量的增长,而读者数量的增长又会带来更多的博客作者,更多博客作者又会吸引广告商投入更多的钱进来,从而形成公司收入快速增长的良性循环。我们意识到需要刺激广告商们开展更多的活动,同时也注意到绝大多数广告商只开展了一次活动,因此我们的Objective瞄准增长这个主题,其下包含有2条KR:
> ❏ 50%的已注册用户在两周内开展1次活动。
> ❏ 广告商平均开展活动的数量从1个增长到5个。

为了提升平均活动数量，我们不得不做一些创新性思考。我们想出了一个办法，为那些在第一周内开展活动的广告商提供打折优惠，这促使很多公司不断开展广告活动。由于很多公司在打折活动期间购买了3~4个全价广告活动，大大提升了公司的整体收入。衡量因素导致了一种特别的聚焦，这比那种宽泛的只说"提升……"的描述更为有效。定性结果非常主观，很难产生实质性效果。[7]

有挑战的

目标领域多年的科学研究表明：设定高挑战性目标，能带来更好的绩效和更高的工作满意度。[8] 如果你决定草拟的是一个很容易就达成的目标，达成结果自然完全在你的掌控之中，但随后你的动机和努力程度很可能会大幅度下降。因此，在制定 KR 时，我们建议你尽可能地设定得更挑战，以激发团队成员做出与众不同的思考，就像前面一节尼克尔·德塞所分享的那样。然而也要注意确保结果最终是可以达成的。我们在目标一节也提到了目标的可达成性。可以通过对 KR 进行有效的评分来寻找难度和挑战性两者间的平衡点，我们稍后还会讨论这个话题。

具体的

在制定 KR 时，澄清术语和概念、确保理解一致至关重要，这可以促进团队之间的无障碍沟通，避免不必要的歧义。这里有一个具体的案例，它能告诉你当 KR 中所包含的词汇意义不明确时会发生什么情况。某公司 CEO 坚持要制定一条这样的 KR："用例在新平台百分百可用。"IT 团队是具体负责把用例投放到新平台的责任人，但他们并不清楚 CEO 这里的"用例"所指为何，于是他们基于自己的理解完成了这项工作。季度末时 CEO 问："目前做得怎么样了？"IT 团队回答道："非常棒，所有的用例都在新平台上了。"毫无疑问，他们理解的"用例"和 CEO 所指的"用例"完全不是一回事。这浪费了大量时间和精力，而这本可以通过一些简单的对话和沟通，在 OKR 制定阶段就能避免的。

自主制定

在前一节的例子中我们已经看到，当管理层仅凭一厢情愿设定 KR，没有充分卷入所有相关人员达成共识时所带来的危害。在这个例子中，虽然 IT 部门接受了这个 KR 并成为 KR 的责任人，但事实上它并没有"所有权"，这就是最大的区别所在。负责具体交付 KR 的人必须积极参与这一过程，尤其是创建阶段。你会更愿意和更倾向于去做那些你帮助创建的事情，因为你基于对预期结果的共识塑造了你的意图，并且愿意去寻找创新的方法以完成它。绝大多数 OKR 应当由 OKR 的责任人自己创建，而非公司强制下发。具体实践时，我们期望的是自上而下和自下而上两者的融合，我们会在第 4 章进一步讨论这个话题。

基于进度的

哈佛商学院教授特雷莎·阿马比尔（Teresa Amabile）曾描写了大量她称为进步原则（the Progress Principle）的内容，进步原则表明：

> 在所有能激发员工情绪、动机和感知的诸多因素中，最重要的是能在有意义的工作上取得进步。长期而言，人们越是频繁地感知到进步，他们就越有创造性。无论他们是在努力解决重大科学谜题，还是简单地生产高质量产品或提供服务，只要

每天都能取得进步，即便是取得一个小小的胜利，都可以在很大程度上影响他们的感受和表现。[9]

这个发现对你的 KR 有重大影响，你的 KR 必须要能支持你频繁地看到进步，至少每两个星期要能体现出进度变化。如果你直至每个季度的最后一天，还不知道你的 KR 是否已经达成，你实际上就错失了通过频繁的进度自检以增强动机和敬业度的机会。

上下左右对齐一致

我们会在第 4 章详细谈及该话题，这里我们只是想再强调一下它的重要性，以确信你的 OKR 既和领导团队实现了上下对齐，同时也和你所依赖的团队或者依赖你的团队间实现了水平对齐。

驱动正确的行为表现

关于绩效评估的至理名言举不胜举，其中最著名的一句可能要数："评价什么，就会得到什么。"确实如此，一旦你知道上司想要什么，你自然就会被它吸引，并在这上面倾注更多的注意力。有时，如果不加控制，太过于追求指标的达成反而会导致一些不理智的决策，甚至是不道德行为的产生。因此，我们建议你仔细考虑每个 KR 可能会对人们行为产生的影响。这里有一个例子。我们的一个同事告诉我们，有一个快餐行业的客户，由于选择了一个错误的度量项而导致了一场灾难。这家企业注意到，他们的餐馆在每天打烊时会丢弃大量没卖完的熟食，很显然，这消耗了他们的利润。为了制止这一现象，他们为每家门店制定了一个效率评价标准："晾晒"他们每天浪费的食物数量。聪明的管理者不希望因为糟糕的表现而被训斥，很快就找到了一个"漂亮"的方法来获得好评：如果餐馆在午夜才打烊，他们便在晚上

11:00～12:00 间不再事先准备任何食物，直到有顾客光临并下单时才现做，这样就不会有任何浪费了。但很显然，客户并不关注餐馆的"剩饭剩菜量"这个效率指标，当他们意识到快餐店已经不快时，就不会再次光临了。这个评价标准的初衷是好的，但却导致了一个完全适得其反的行为。

制定 KR 的技巧

我们在本章中已经介绍了很多相关知识，但这还不够，我们准备给你介绍更多。其目的不是要把你淹没在这些信息洪流中，而是要为你提供足够的信息，帮助你制定出足以改变你业务的优秀 OKR。下面介绍一些制定 KR 的实用技巧。

只写关键项，而非全部罗列

KR 不是要你列出下一季度准备开展的所有动作，以表明你有多么辛苦和不容易。相反，它要确保足够的战略聚焦，侧重于突出和最大化对业务而言最关键的价值驱动因素。举例来说，如果你上个季度成功招聘了 10 名新员工，并打算在下个季度再招聘 10 个人，那么，"招聘 10 名新员工"就不应该成为你的 KR，它只是和往常一样的工作。虽然额外的人力可以帮助提升生产力并最终加速你的战略执行，但这不是一个 KR，它并不挑战，也不能激发你的团队产生任何创新性思考。请把你的精力聚焦在那些能让你的目标取得实际进展的 KR 上。

基于结果，而非任务

这个技巧是想告诉你，你的目的是要找出影响 Objective 的 KR，而不是制作一个任务或行动清单。当我们说任务时，我们通常指的是那些能在一两天就能完成的事，它们更应该被放在 to-do 清单中。"给潜在用户发一封邮件"或"会见新的销售副总裁"是任务而非 KR，而"往渠道中增加 25 个合格机会"就是一个 KR，它需要一定的付出并聚焦于客户成功。要区分一个描述是任务还是 KR，只需看你使用的动词即可，如果你使用的是诸如"帮助""参与""辅助"或者其他类似的被动动词，那么你很可能提出的就是任务而非 KR。[10] 如果是这种情况，请转移到价值维度问自己一个问题："我们为什么要'帮助''参与''辅助'？"这样做的输出是什么？如果你这么做了，相信你一定能找到一个更好的行动导向动词来描述你的 KR。

使用积极正向的语言进行表述

我们在目标制定环节分享了这一建议，它在这里同样适用。KR 越积极越好，相对于"把错误比例降低至 10%"而言，"把精确度提升到 90%"所传递的信息更为积极正向。积极正向的信息会增强工作动机和提升承诺感。

保持简单明了

我们曾经和一个客户合作过，由于其行业性质，他们不得不向股东和社区展示环境管理相关举措，因而不可避免地需要有一个 KR 来反映环境绩效。小组负责人召集大家讨论了一段时间后，提出了一个我们很想和你分享但却无法分享的 KR，并非是出于保密原因，而是因为我们也不知道这个 KR 是什么意思。直到现在，虽然经过多次解释，我们仍然不知道这个极度复杂的度量项想要表达什么含义。不只我们弄不明白，连公司领导团队和他们的小组成员自己对这条 KR 的性质、意义和效用同样不知所措。毫无疑问，这条 KR 最终被废弃了，并被其他 KR 所取代。创建一个可靠的 KR 并不是说要借助博士级别的人才能理解。

考虑所有的可能性

当考虑哪些 KR 最适合一个目标时，可能有一些看似天经地义的备选项，于是你非常确信这就是 Objective 的完美 KR，而不愿意再做进一步的探讨。这实质上就是过度自信⊖导致的偏差，这里有一个过度自信偏差的例子：

> 斯坦福大学的研究人员调查了某快餐连锁店，快餐店的管理团队专注于提高客户满意度和盈利能力。由于没有数据支撑，他们最初想当然地认为员工流失率是影响客户满意度的关键因素，因此把它作为一个关键度量指标，投入了大量财力来降低员工离职率。然而，随着数据的累积，高管们惊讶地发现：一些离职率高的店面同时也报告了较高的利润率和客户满意度，而其他一些流失率比较低的店面在这方面的表现却并不如人意。[11]

所以当你选择 KR 时，重要的是要谦卑，承认你并不是万能的，你不能找到所有问题的答案，要对所有可能情况保持开放态度。

务必指定一个责任人

在社会心理学中有一个众所周知的现象叫*旁观者效应*⊖。它本质上指的是如果多人同时负责一件事时，人们采取行动或承担责任的意

⊖ Gervaris, Heaton 和 Odean（2002）将过度自信定义为，认为自己知识的准确性比事实中的程度更高的一种信念，即对自己的信息赋予的权重大于事实上的权重。——译者注

愿就会降低。一个典型的例子是当有人在繁华街区突然心脏病发作时，很少有人会停下来帮助他，因为每个人都假定别人会这么做。如果没有分配责任人，KR 也会遭受同样的命运（即由于没有一个人对最终结果负责，于是没有采取任何行动，目标也就形同虚设无人问津）。KR 责任人并不是对 KR 的达成负责的唯一责任人，而是被指定来作为该 KR 的信息汇聚点，负责在 KR 实施期间以及实施结束时跟进和更新 KR 进展。

How to Think Like Leonardo da Vinci 一书中有一段话非常经典，该书作者迈克尔·盖尔布（Michael Gelb）用这段话去描述做出艰难选择这件事：

> 排序机制……选择一个而非另一个，把一个的等级排在另一个的前面，然后说明你为什么要这样做，需要进行深入、清晰的思考和充分的比较，这有助于培养出丰富的欣赏和鉴赏能力。[12]

没有比这更恰当的描述来形容我们在选择 Objective 和 Key Results 这一过程时的感受了。因为得之不易，所以一旦制定出来你会对它倍加珍惜。

KR 类型

由于绩效管理系统成熟度和数据可获得性上的差异，你可能会使用不止一种类型的 KR。实践中我们主要观察到有 3 大类 KR，下文将用一些事例来对它们作简要描述。你可以参见图 3-3。

㊀ 又称责任分散效应（diffusion of responsibility），是指对某件事来说，如果仅单个个体被要求完成任务，责任感就会很强，会做出积极反应。但如果要求群体共同完成任务，群体中的每个个体的责任感就会很弱，面对困难或责任往往会退缩。——译者注

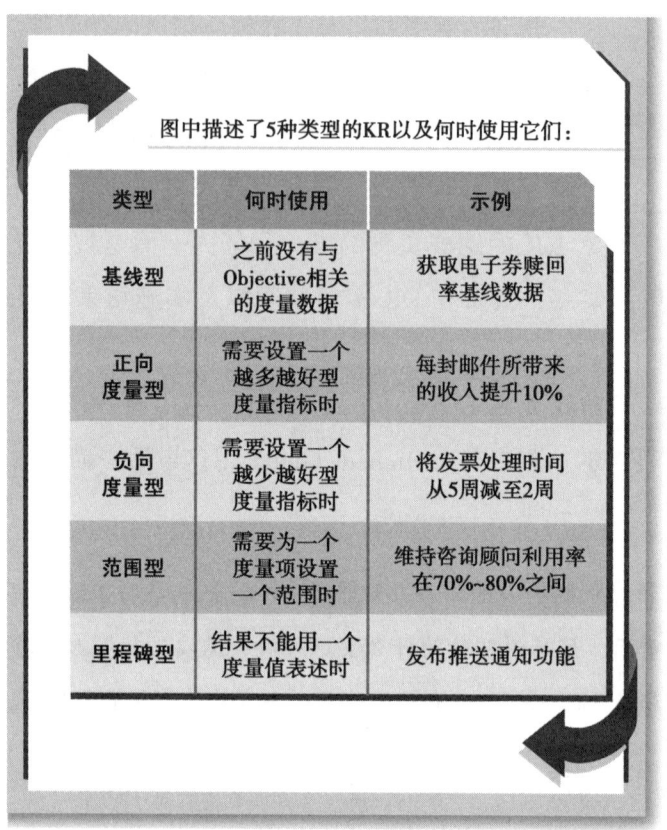

图 3-3 KR 类型

基线型 KR

假如一家公司刚更新了战略，决定专注于同客户建立强大而持久的关系，把这作为他们的价值主张。你也许还能回想起我们在第 2 章讨论战略时，把这称为**客户亲密度**。于是关于这一点可能会产生一个 Objective："提升客户忠诚度"，然后团队讨论之后决定将"提升客户电子优惠券赎回率到 20%"作为一条重要的 KR。然而，由于这个战略相对来说还比较新，他们从未度量过优惠券赎回率，没有合适的基线数据可供参考，以设定合适的指标。这个时候他们就需要一个像下面这样的基线型 KR："建立电子优惠券赎回率基线数据"，于是这个季度他们就可以建立一个可供下季度参照的基线值。

在本节开头部分我们已经提到，你所用的 KR 类型取决于你度量系统的成熟度。如果你最近转向了一个新战略，或者刚开始使用 OKR，缺乏绩效度量经验，这个时候你很可能就需要依靠至少一个基线型 KR，以帮助你更好地在未来起航。

度量型 KR

当谈到衡量这个主题时，最常见也最先被你意识到的，可能就要数这种类型的 KR 了。因为它包含了我们通常所认为的衡量的典型要素。度量型 KR 跟踪的是那些被设计来用以衡量你的目标成功程度的定量结果，这又有三种子类型：

1. **正向度量型**：正向度量型通常会使用诸如"增加""增长""建立"等类词汇。例如，"每发出一封邮件收入增加 10%"这个 KR 就是用积极正向语言来表述的。

2. **负向度量型**：负向度量型通常由诸如"减少""消除""降低"等动词构成。"将发票处理时间从 5 周降低到 2 周"就是一个负向度量项。正向度量项和负向度量项是一个问题的两个方面，似乎用哪一种都可以。但我们建议你尽量用积极正向的语言，以促进目标达成的动机。

3. **范围型 KR**：当你需要用一个范围值来描述你的 KR 时你会用到它。拿咨询公司为例，他们的收入取决于员工是否与客户合作，并向客户开具账单。因此，顾问的使用率可能就是一个很重要的 KR，可是要确定精确的使用指标通常会很困难。虽然从通常意义上来说，利用率越高，企业的收入就越高，但当利用率高于某一特定值后，又会导致倦怠、高压力以及低绩效。在这种情况下，你可以建立一个可接受的范围值，例如："维持顾问的利用率在 70%～80% 之间。"

里程碑型 KR

偶尔你会遇到这样一些情况，你竭尽全力也无法把一个 KR 转化成度量型 KR。这种情况通常发生于你要做的事的结果具有二元性时，也就是说答案是要么做了要么没做。例如：我们是否发布了一款新产品？我们是否发布了一份报告？像是或者否这样的二元回答，在 OKR 中是不可接受的。你需要把它们转化成数字，以更好地跟踪目标达成进况。在这种情况下，一个里程碑型的 KR 可能就再合适不过了。

到目前为止，我们所分享的几种 KR 类型都能从打分中受益，这对里程碑型 KR 来说尤其如此。你可以跳到后面的章节中去查看一下我们的评分指导，然后再回过头来看这里。下面的描述来自最近一个客户，他重点突出了里程碑型 KR 方法是如何运用的：

> 公司的工程师团队有一个目标："在多个国家发布推送通知功能。""在多个国家发布"是一个模糊但结果具备二元性的一件事——要么发布了，要么没发布。通过应用评分方法，我们把这转化成一个更有效的里程碑型 KR：

- 评分 1.0：代表着我们在所有国家成功发布推送通知功能。很显然这是一个巨大的挑战，并且很可能不现实。
- 评分 0.7：一个同样挑战，但却可达成的程度，瞄准加拿大以及另外两个国家发布推送功能。这可能是最适合我们去达成的目标。
- 评分 0.5：比评分 0.7 稍差一些，如果我们只在加拿大发布了推送通知功能，可以用 0.5 来表示。
- 评分 0.3：用 0.3 分来表示推送通知功能通过了 QA（质检人员）验收，并在加拿大完成了测试（但未发布）。

通过这种评分机制，他们能够有效地把一个原本模棱两可的二元性度量项转变为能够激发进步和创新、以达成具体指标要求的更好的度量项。

健康度量项

在讨论基线型 KR 时，我们假设了这样一个案例：一个公司将其战略转变为顾客亲密度。这个公司有一个 Objective："提升客户忠诚度"，以及一个 KR："20% 的客户电子优惠券赎回率"。他们为什么想让客户赎回电子券呢？是为了提升利润对吧？这并不需要太多思考就可以想到。但事实并非如此简单，电子优惠券仅是该公司用来提升利润的方法之一，他们战略的关键是客户忠诚度，即同客户建立起真正的关系，让客户能给公司带来更长周期的价值。随着时间的推移，公司可能会使用店内销售奖励计划、在线销售等其他方法来提高客户忠诚度。虽然具体的方法可能会变，但公司最终关注的都是这些干预措施是否带来客户忠诚度的提升。因此它可以利用诸如"净推荐值"（NPS）这样的指标来表示客户推荐产品或服务的可能性，以确定持续的忠诚度。这句话中的关键词是**持续**，它并不希望仅是 NPS 的一次性体现，然后就不管了。伴随着公司持续努力推进其战略，这将是极其关键和持久的一个度量。

在这个例子中，净推荐值就可以被看作是一个健康度量项。所谓健康度量项是指那些公司会频繁（也许数年）跟踪的度量项，因为它代表了公司战略的成功执行。员工敬业度也是一个很明显的健康度量项备选，没有敬业的、愿意付出最大努力去达成目标的员工，即使你的战略充满了智慧，你成功的几率依然渺茫。一些财务度量项可能也是你的健康度量项，例如收入增长率、净利润率和资产回报率都是标准的财务指标，应当被持续审视。健康度量项应该直接衍生自战略，并被视为OKR的一种补充。事实上，那些好的、经过验证的OKR正是那些能积极推动健康度量项取得进步的OKR。如果你正在考虑采用一个Objective以及相关的KR，却没有设想它对整体健康度量项（因而也是对你的战略）有任何对齐关系，或许你应该回到当初制定愿景、使命的环节，从头再走一遍整个流程。

OKR打分

我们假定你创建了一条这样的OKR："这个季度获取20名新客户。"这个目标很有挑战性，能很好地激发你的团队，让每个人都渴望尽其所能去为公司吸引新客户。到季度末时，你们成功吸引了12名客户，那么这个结果是杰出、良好还是只是过得去呢？这个问题的回答取决于你们过去所取得的成绩，以及你们对未来的期望两个方面。如果上个季度你们只吸引了1名客户，那么12名客户看起来简直就是一个很了不起的成绩。但如果上个季度已经成功吸引了15名客户，那么12这个数字就不太可能让大家兴奋起来。创建一个有效的KR能帮助你更好地了解你的业务，这是度量项的主要目的。你需要仔细考虑你的预期，创建一系列指标值来具体地指明杰出绩效、良好绩效和一般绩效的标准。OKR打分就是要做到这一点。

在你们对KR的措辞达成一致后，就应该讨论评分的事了。这样做可以让你传递期望，促进持续学习并清晰地呈现KR的实际进展。我们推荐采用如下几个度量刻度（参见图3-4）：

❑ 1.0：一个非常有野心的结果，几乎不可能实现。所有的KR都应该从一开始就按照1.0的标准来写，以促进创新性思考。我们前面举了一个获得新用户的例子。在那个例子中，我们把20个客户设置成了 1.0。如果公司以前从未达到过这个绩效水准，那么这个数字对它而言似乎就像登天一样难。

- 0.7：这个分数等级表示的是虽然很难，但最终是可以达成的程度。还是拿刚才的例子来说，保证 15 个新客户就代表 0.7 的绩效水平，因为基于过去的达成情况来看，虽然这是一个极高的数值，但仍然是可以达成的。
- 0.3：我们可以把这理解成"一切照旧"的目标水平。它表示的是我们可以通过正常的努力，只需要很少甚至不需要其他团队帮助就可以达成的绩效水准。公司可能认为获取 5 个新客户对它而言不需要花太大力气，因而把它作为 0.3 级别的指标。考虑到 OKR 的重点是要激发团队成员勇于挑战、突破现有框架、找到新方法去达成鼓舞人心的目标，你可能会疑惑我们这里为什么还要包含一个 0.3 级别的指标。虽然它意味着你并不需要付出额外的努力即可达成，但是这点小进度仍然有学习的价值。如果在一个季度末团队的 KR 只达成了 0.3 分，你一定想弄清楚为什么会这样。是他们的优先级变了吗？果真如此，为什么会变呢？是大家的期望不现实吗？还是它在某些方面被认为是无关紧要的了？所有这些疑问都将揭示出你的团队在运作和 OKR 制定方面存在的不足，从而帮助你在后续季度中更好地改进。

设定期望的绩效水准对任何形式的评价系统而言，都是一件十分棘手的事。即使你有多年的基线数据或行业均值可供使用，在最终确定哪些指标适合你时，你仍然需要进行主观判断。正确的数字应介于科学和艺术这个连续体间的某个位置，挑战就挑战在如何才能精确地找出它的确切位置。我们的建议是：一方面你应尽可能地利用你手头一切可以客观量化的背景材料，如基线数据、行业均值、客户诉求等，同时你不能完全抛弃主观判断和"直觉"。没有人比你更了解你的业务，客户数据应该只是你最终决策的一个重要输入而已，绝非全部。

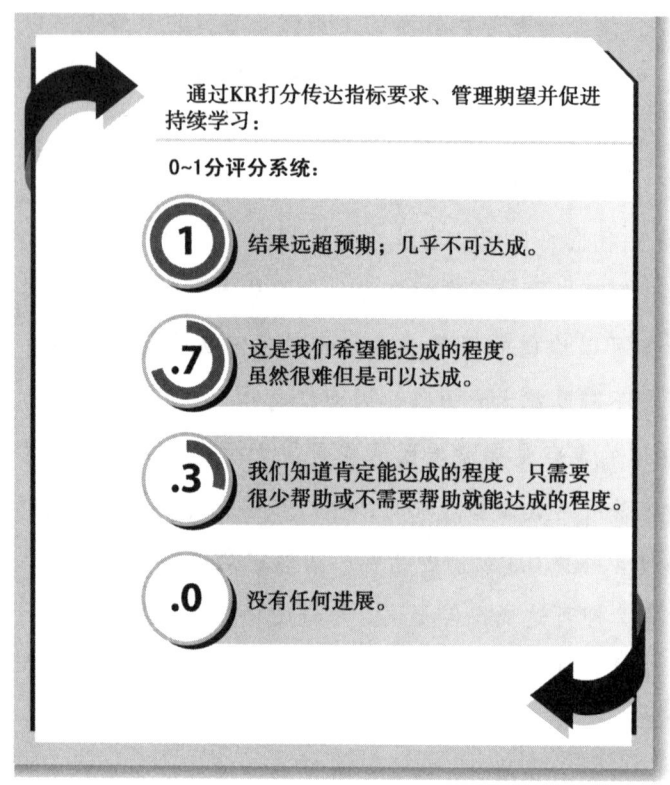

图 3-4　KR 评分等级

度量刻度的几个关键词是 1.0、0.7 和 0.3，这是我们推荐客户采用的标准。在实际操作时，你可以基于实际业务或企业文化的需要灵活更改这个度量项的范围。例如，一些组织可能觉得 1.0 这个数字太小了，想用一个更大的数字去激发大家朝目标推进的动力，因此他们会使用 100、70 和 30 或者 1 000、700 和 300。

季度中期审视

有句老话说：唯一比坏消息更坏的是迟到的坏消息。这句话用在

KR 上面再合适不过了。如果你在季度中间对 OKR 推进情况不闻不问，到季度结束时才去看 KR 是否达成 1.0、0.7 或者 0.3 的水准，那么结果肯定就不尽如人意。因此我们强烈建议你在整个季度中间随时保持对进度的评估，不要等到季度结束时才做这件事。我们的同事，也是 OKR 专家的克里斯蒂娜·沃德克（Christina Wodtke）有一个非常实用的建议，可以很好地帮助进行中期审视时的沟通。在开始设置 KR 时，将成功/失败的概率设成一半一半。[13] 请记住，你的 1.0 指标应当是很有野心的，所以 50% 的成功几率是合适的。然后在季度中间，你可以召集团队成员，问他们目前的成功概率有多大。这个值是提升到了 80%？还是降低到了 20%？无论答案是哪一个，都可以揭示出一些问题，帮助你集中资源让团队重回正轨，或者如果它们已经超越期望，那么你就可以腾出部分精力去帮助其他人完成他们的 KR 了。我们将在第 5 章展开这个话题。

理想情况下 OKR 评分应该是什么样的

你可能会好奇，在第一次给 OKR 打分时应该打多少合适？是代表彻底失败、一无所成的 0.0 分？还是相反，每一项都达到了 1.0 分，也即意味着目标设置得不够挑战？

根据经验，OKR 新手很可能会碰到如上两种情况中的一种：要么完全达成，要么毫无进展。他们可能会很苦恼，尽管付出了大量艰辛的努力，但评估结果中仍然充斥着大量的 0 分项。正如我们之前所提到的那样，设定一个好的指标是一件很挑战的事，绝大多数组织在这方面都没有经验，因此他们根据自身企业文化和过去的经验，要么发布一个完全不可能达成的目标，或者走入另一个极端，提出一个几乎不需要太多努力就可以达成的目标。如果你的公司属于如上两种场景中的任何一种，请不要惊慌，这是意料之中的事。最重要的是当你体验到这些阵痛的时候,要保持足够的耐心和信任,这只是时间问题,在积累了更多的经验之后,你会在指标设置上更加灵巧,体会到OKR的诸多好处。

最终,在过了几个季度(或多或少,各组织之间存在差异)之后,你们的KR应该落在0.6~0.7分之间。如果得分高于0.7可能意味着你的指标设定得不够挑战,你没能充分发挥人才优势和团队潜能。另一方面,如果得分低于0.6,可能暗示你的目标设定得过于挑战。如果你们的得分持续低迷,你应该在团队成员泄气和怀疑整个OKR理念之前,和他们来一次开诚布公的交流,讨论目标的可行性。

是否应该对目标进行评分和评级

答案非常干脆:不应该!请再次回想目标的定义:对驱动目标朝期望方向前进的定性追求的一种简洁描述。目标是设计来激发团队达到成长和创新的新高度的,关键结果则通过客观量化手段让我们知道是否达成了目标。

一些组织可能会尝试用尽一切办法来对目标进行评分和评级。例如,要判断一个目标是否达成,只需关注这条目标下面的KR即可。如果每条KR所定的指标都达成了,目标也就达成了,否则就是没有达成。所以如果某个目标有5条KR,完成了其中4条,但1条没有完成,那么这个目标就不算达成。我们认为这种做法并不好,它会造成员工混乱、怀疑和士气低落。他们已经付出最大努力去达成KR了,最后却被告知工作做得还不够好。我们建议你仅关注KR的评分和评级。

OKR 设定频度

同其他管理机制对比起来,OKR这套方法至少在刷新频度这一点上可以被认为是一个开源框架。它不像一般会计准则（GAPP）那样制定了一整套严密规则，要求企业在报告其财务结果时必须做到绝对遵从。在OKR领域，没有一个创始人或大师制定了OKR指导原则，仿佛金科玉律般不可逾越。对组织而言，这种开源环境简直就像福音一样，允许他们进行定制，在实现时灵活变通处理。不过我们还是准备分享一些核心原则给你，这些原则也仅仅是我们的建议而非强制规范，这意味着你仍然可以对它们进行任意更改，以适配你的业务场景。

企业应该以多大的频度设定OKR呢？默认频度是季度。OKR模型的一个主要优势是它的快节奏，能在每个实施周期中强化沟通和学习效果。然而，季度也许并不能代表你业务最合适的节奏，所以你可以根据你的实际情况进行调整。遗憾的是，一些组织并没有认识到这一点，它们误认为OKR必须以季度为周期开展，于是武断地认为OKR不适合他们。让我们来读一段约翰·杜尔对这个主题的理解：

> 对任何团队而言，最关键的是你要以一个固定周期去使用它……你应该找到适合你的节奏。当英特尔以月度为单位开展OKR时，美国国家半导体则每4周制定一次OKR，这样在其每个制造年度就会有13个OKR周期。因为两者都是制造企业……这和其企业文化是适配的。绝大多数公司都在按照季度设定OKR，但一些更敏捷的公司可能会说："不，我们希望OKR周期适配我们的冲刺计划或开发计划，一个季度太长了，我们准备把周期设定成6周。"一些公司则选择按季度和年度两种方式并行开展，所以我手头既有一些年度OKR，然后在这过程中还要不断地去刷新那些季度OKR！[14]

正如杜尔所指出的那样，使用OKR最关键的是要有一个固定的周期。但是对你而言，固定这个词所代表的含义和其他公司是有差异的。他同时亦指出，一些公司同时结合年度和季度这两种节奏去使用OKR，我们称之为**双重节奏法**（cadence approach）。使用双重节奏的公司会先制定一组年度OKR，然后通常会将其分解成若干组OKR，每个季度完成一部分。然后团队会制定一组年度OKR和季度OKR，或者仅仅制定接下来这个季度的OKR。双重节奏法的好处之一是能通过年度OKR营造起一种很好的氛围支撑。团队和个人可以直接感知到公司在这一年里希望实现什么，并据此设定他们自己的OKR。这样一个组织就能很好地平衡其长期（年度）战略重点和达成这个战略重点所需的短期季度胜利。双重节奏法也仅仅是一种备选方案，你还可以有很多的其他方案，这取决于你所处的商业环境。用杜尔的话说，最重要的还是你要有一个固定周期。

多少个OKR适合你

已故编剧诺拉·艾芙隆（Nora Ephron）给我们留下了一系列好莱坞经典，包括《当哈利遇上莎莉》《西雅图夜未眠》以及《西尔克伍德》，这三部都获得了奥斯卡金像奖最佳原著提名。在成为编剧以前，她是一名记者，她留给那个领域最大的财富，可能要数她捕捉故事本质的能力。她知道发现故事核心的重要性，而这正是她从贝弗利山（Beverly Hills）高级中学老师查理·西姆斯（Charlie Simms）那里学到的。下面是西姆斯教给艾芙隆的，让她经久难忘的一个教训。

同其他大多数新闻老师一样，西姆斯在第一课中解释了导语的概念。导语包含了为什么（why）、是什么（what）、何时（when）以及谁（who）等组成部分，它包含最基本的信息。然后西姆斯给他的学生们分配了第一个任务：为一个故事写一段导语。他给出了这个故事的基本事实：

贝弗利山高中校长肯尼斯·彼得斯（Kenneth L. Peters）今天宣布，所有高中教师将于下周四前往萨克拉门托（Sacramento）参加新的教学方法研讨会。发言者有人类学家玛格丽特·米德（Margaret Mead）、大学校长罗伯特·梅纳德·哈钦斯（Robert Maynard Hutchins）博士以及加州州长埃德蒙·布朗（Edmund Brown）。

学生们于是埋头敲打他们的手动打字机，以描绘他们的导语。每个人都试图总结出谁、是什么、在哪里以及为什么，并尽可能地简洁。例如：

1.玛格丽特·米德、罗伯特·梅纳德·哈钦斯博士以及加州州长埃德蒙·帕特·布朗将向教师就……发表演讲。

2.下周四高中教师将……

西姆斯查看了所有学生们的导语后把它们放在一边，然后告诉所有人他们全都是错的。他说："这个故事的导语其实应该是：'下周四学校将放假'。"在那一刻，艾芙隆才意识到，新闻不应该仅仅是阐述事实，还应该找出关键的关注点。仅仅知道谁、是什么、什么时候以及在哪里还不够，你还必须理解它代表着什么，以及为什么它会如此重要。[15]

艾芙隆后来发现，西姆斯教给她的这套方法不只在新闻领域极为有用，在生活中也同样有效。事实上，这套方法对OKR同样适用。当你和团队成员在会议室里一起讨论确定你们团队的OKR时，你事实上是在寻找业务领域的"导语"。想想当有人问："好吧，那我们最重要的目标是什么？"这时你唯一可能的答案是什么？很多人都在关注你，包括你的客户、股东或投资者、社区合作伙伴、供应商、员工、竞争者……这个名单无穷无尽。这些事实上类似于组织的"为什么""是什么""什么时候"以及"谁"。你的挑战是要化繁为简,准确地识别出对你现在而言最重要的信息。

回到你需要创建多少个OKR才合适这个话题上来,我们建议你坚持一句久经验证的格言:"少即是多"。这说起来容易做起来难,并不是每个组织在刚开始时都能做到这点。有几个因素会导致OKR的数量持续攀升,其中包括:

- 不想放弃任何一件小事的愿望("所有事情现在都很重要");
- 在最重要的事情上列出一个长长的清单,似乎比什么也不列出要更容易;
- 软件没有在Objective和KR的条数上设置限制。

过多的OKR会浪费大量宝贵的机会,更要命的是,它会让OKR模糊不清和不聚焦,大家无从得知公司真正的重点是什么。今天的员工尤其渴望知道什么才是最重要的,这样他们才能让自己的行动和公司目标对齐一致,从而大大增强工作的意义。如果你制定出8个Objective,20个KR,这对员工而言几乎是不可能的事,他们无从知道该把精力放在哪一点上。

人类似乎总是痴迷于将一切事物都最大化。你知道吗?当优先级(priority)这个单词最初在15世纪被引入到英语时,它还是单数形式,指的是第一或优先的事。它在接下来的5个世纪里,依然保持着单数的语法规则。但在20世纪之后,人们把这个单词变成了复数形式,开始说priorities了。我们似乎觉得,通过改变这个单词就能曲解现实,就能拥有多个第一重要的事情。[16]我们分享这则轶事并非建议你只保留1个Objective和几个KR,即使对那些刚开始实施OKR的公司来说也不应该这样,这只是平滑切入到OKR的一种选择而已。我们只是在重申一个显而易见的原则:如果你什么都做,那么你什么都做不成。

至于多少个 OKR 合适，文献、博客和文章给出的建议是 2～5 个，而每个 Objective 以 2～4 个 KR 为宜。这是一个比较宽泛的范围，建议你仔细分析你的组织，从中分离出对你的业务最重要的事项来，也即，找到你组织的"导语"。

OKR 应该每个季度都一样吗

人们有时会责备顾问总是摇摆不定（希望这只是一个幽默），不能具体地告诉客户到底应该做些什么，以解决他们所面临的问题。事实也确实如此，向顾问提出的问题，很多回答都是："这要看情况"，这也是这一节问题的答案。

是的，你的一些目标可能每个季度都一样，当这些目标对组织的挑战和运营特别重要的时候更是如此。KR 也一样，一些 KR 可能会连续几个季度都是一样的。然而，请回想一下我们在前面讨论过的健康度量项，健康度量项指的是公司应该频繁去度量的那些数字，也许会持续好几年，因为它们代表的是对战略的成功执行。你的 Objective 和 KR 有可能就属于这种情况。在健康度量项那节，我们提到过"提升客户忠诚度"这个目标。我们指出净推荐值（NPS）对客户忠诚度而言是一个很有价值的持续性指标，因此可以作为健康度量项评估公司的健康状态，它需要一直保持不变，直至公司改变其战略为止。

因而，"提升客户忠诚度"是健康度量项所要达成的目标，可以称其为*健康目标*，它是战略转换的关键，并且这个目标在可预见的将来不太可能会变。如果你的战略追求的是"客户亲密度"，并且你希望通过出色的服务培育起同客户的长期关系，那么提升客户忠诚度就将一直是一个主要努力方向，因而把它添加到每个季度的 OKR 中没有多大意义。所以一定要理解健康度量项和 OKR 的区别。OKR 追求的是通过新颖、创新和创造力去实现突破。年复一年地重复同一 OKR 只会导致平庸的结果，而这正是 OKR 所极力避免的。

当你制定 OKR 时，我们建议你制定少数对你的战略执行而言至关重要的目标。这样的话，它们就不太可能在短期内被修改。起草这些目标有助于你更好地思考你的业务"支柱"：财务、客户、关键流程以及员工。要在你所处的市场中取得成功，你需要哪些关键的目标，这些目标就是你的健康目标。接下来再确定那些能确保你成功达成健康目标的 KR。当然，这些 KR 所代表的也应是健康度量项。

当我们每天走进办公室，很容易就陷入各种紧急问题和危机之中。从某些方面来说，这样做确实很诱人，因为你感觉又把一件事情从待办清单中划掉了，但这通常是以牺牲真正重要的事情（即战略执行）为代价的。通过创建少数几个健康目标和对应的健康度量项，你实际上为后续每个季度的 OKR 营造起了一种氛围，以持续不断地提醒你什么才是最重要的，最大程度地引起你的关注。

季度中间可以变更 OKR 吗

一般而言，公司层面的 OKR 在季度中间是不会调整的，但这也并非完全绝对。要具体问题具体分析。可能某些情况下确实需要变更 OKR。本书作者之一曾在飓风"桑迪"破坏新泽西州之前和新泽西州政府合作过。在灾难发生后的几周乃至几个月内，他们的绩效跟踪系统发生了巨大变化，反映了很多政府部门提供服务时所面临的新现实。

然而，并非只有当发生自然灾害时你才应该去变更 OKR（对公司任何层级的 OKR 均是如此），还有其他可能导致 OKR 变更的情况。例如：也许你找到一个主要的新客户，需要调用团队大量资源去支撑，这可能会迫使你变更当前的 OKR；或者你决定开展一个新的战略试点，也会迫使你变更 OKR。但你不能仅仅因为觉得 Objective 和 KR 太难了就去变更它，也不能因为你怀疑它的有效性就去变更它。

每个季度使用 OKR 的过程，都是一次肌肉增强的过程。随着你制定、跟踪、评价 OKR，以及最重要的从 KR 中不断学习，你会变得更加强大。频繁地变更 OKR 可能看上去似乎更"敏捷"，和行为更适配，但在大多数情况下，这只是不严谨和不自律的一种体现，是你不愿意付出更多努力、不愿意去找出驱动业务前进的相关前沿知识以构建出一个更好 OKR 的一种体现。

OKR 制定流程

在本章中，我们已经指出了一个有效的 OKR 所应具备的具体特征，以及一些相关想法、建议和技巧。相信现在你一定迫不及待地想将其付诸实践，创建你自己的第一份 OKR 了。这一节我们将通过 OKR 创建的完整流程来指导你如何做到这一点，这个过程可以用一个十分方便的首字母组合词汇"CRAFT"来表示，它代表：

1. Create： 创建
2. Refine： 精炼
3. Align： 对齐
4. Finalize： 定稿
5. Transmit： 发布

参见图 3-5。

创建

一些专家可能会告诉你，要完成这一步，你需要召集你的团队成员聚到一起——无论是公司层面的 OKR 还是团队层面的 OKR 均是如此。先拿出一张空白标记纸，站在一张活动挂图前，大呼一声"开始"，于是就启动了一场经典的头脑风暴会议。很快，一个能引起大家广泛共鸣的想法被提出来，节奏之快超乎你想象。但我们不是这些专家，我们不建议你这么做。

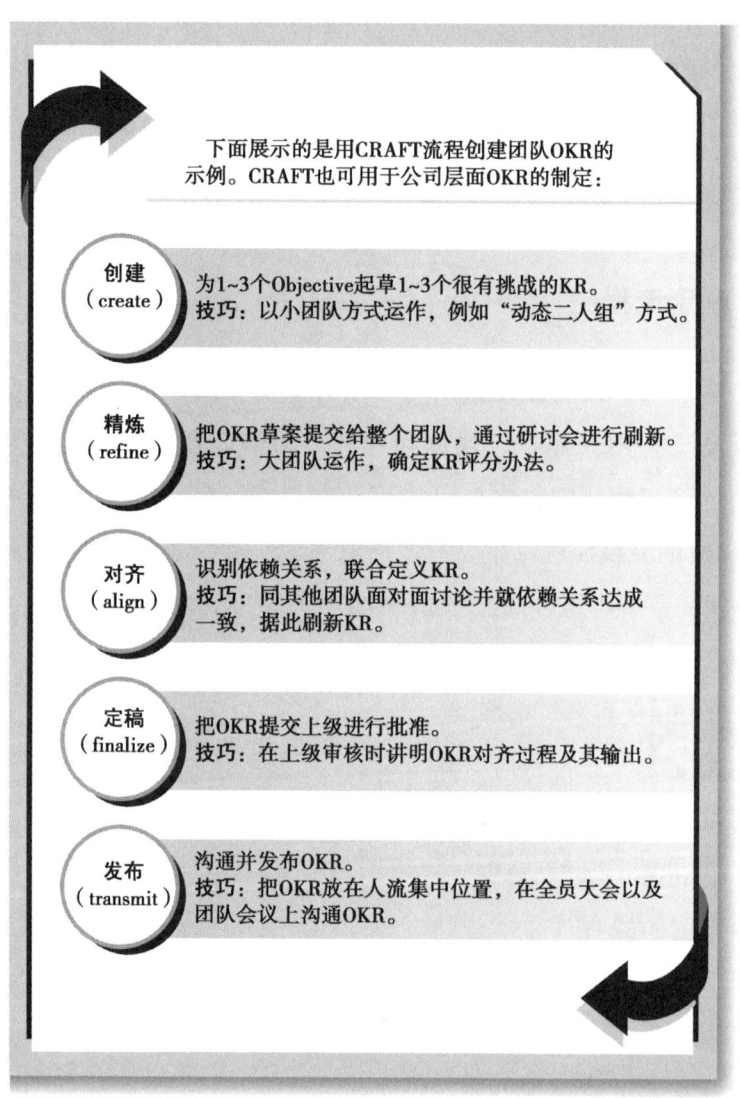

图 3-5　制定 OKR 的"CRAFT"流程

大型的头脑风暴已被广泛接受，成为很多公司研讨文化的一部分，但最近有研究表明该过程存在很多缺陷。让我们先从参与头脑风暴的人数说起，我们通常会相信一个堂而皇之的理由：把人们卷入到该过程中来意味着他们会更愿意接受和支持所创建的OKR。这可能是一个很有价值的理论，但却与社会科学家所呈现的事实相矛盾。社会科学家得出的结论是：群体规模越大，头脑风暴的结果越差。苏珊·凯恩（Susan Cain）在她的 *Quiet* 一书中描述了这种现象：

> 大约40年的研究得出了同样令人吃惊的结论。研究指出，随着群体规模的增大，大家的表现反而更差：与6人团队相比，9人团队产生的想法更少也更差，而6人团队的表现又不如4人团队。科学证据表明：在商业领域采用头脑风暴是一种愚蠢行为。[17]

针对大型群体头脑风暴不能给出有意义结果这种现象，心理学家给出了几个原因，其中之一就是"社会惰化"现象，它表明：在一个群体中，总有一部分人在袖手旁观，什么也不做，而另一部分人却在绞尽脑汁。你可能已经在脑海中勾勒出了这些人的图像：他们低着头，要么看手机，要么看他们的便携电脑，仿佛和当前的讨论完全不相干一样。

为了避免大型群体头脑风暴的这个问题，我们推荐你采用一种完全相反的做法来制定第一份OKR草案，即小团队方式，一个很小的团队，很可能就2个人。上文提到的苏珊·凯恩是研究这一现象的后起之秀。她注意到，为了找到一个问题的创造性解决方案，人们需要深入而长时间地专注在任务上。试图期待由20个或更多人组成的群体放下手头的所有事情，花时间去制定一份OKR草案是不现实的。然而，如果是只有2个人的话，尽管这不可避免地也需要花费他们的时间，也可能对他们造成不便，但却更加可行。你召集的小团队可以投入所需时间以掌握创建OKR所必备的背景信息，包括：①分析你所处的竞争环境；②仔细审视你的战略；③确定你的核心能力，等等。如果你想在早期阶段卷入更多人，可以简单地让他们把关于 OKR 的想法通过邮件或问卷反馈给你，然后你的小团队再通过上面提到的问题过滤器（战略、竞争力、环境等），检视大家反馈的意见列表，把它们作为你产生更好想法的一个输入。

无论是公司层面还是团队层面，我们都建议你采用这种小团队的方式运作，生成 2~3 个目标，每个目标包含 1~3 个关键结果。这些 OKR 应该被制定得很有挑战（1.0 分水准）以激发灵感。

精炼

你的小团队（也许是活力二人组）在这之前应当完成了 OKR 初稿，并提交给更大范围的团队成员评审了。这里有一个很微妙的点容易被忽视，所以我们决定稍作停顿来解释一下。**提交给更大范围团队成员评审**这句话很关键，确保研讨会参与人员为 OKR 讨论做好准备至关重要，所以我们建议你不要仅仅把 OKR 打包到一个电子邮件中发送出去了事。你的团队成员每天都可能会收到上百封邮件，这些信息很容易被淹没。而如果既通过邮件，又通过传统纸件形式分发，同时还附上 CEO 或团队领导的一封信的话，就会让这个过程显得尤为重要和备受关注。

关于谁应该参加研讨会这个问题，如果你正在研讨的是公司层面的 OKR，那么公司的管理团队应当参加；如果你正在研讨的是团队层面的 OKR，那么团队层面的管理团队就应当参加。会议的目的是仔细评审已经准备好的 OKR 初稿，让起草该草案的小团队向大家解释他们的考虑和选择，引发大家讨论（我们希望讨论越激烈越好），最终大家就即将投入应用的 OKR 达成一致。

作为该过程的一部分，每个 KR 都应当使用本章前面讨论的评分量表来制定 KR 的评分标准。你需要确保你的 OKR 终稿符合我们早前给出的特征，并直接体现你独一无二的战略诉求。至于时间安排，你可以先按一整天去预留，并尽量争取一上午就搞定。但你也可能确实要用上一整天，如果真是这样也不见得就是坏事，至少这表明大家都在积极地探讨和辩论。不过，如果你能提早结束就不要拖延时间，没有什么比让参会者提前结束会议更让他们兴奋。

最后再给一个忠告，这是我们基于和全球客户进行了成千上万个小时的研讨后的忠告：不要期望所有人都能就 OKR 达成完全一致。我们可以毫不含糊地告诉你，这实际上是不可能的。为什么？原因就一个，你会议室里的人不是僵尸，也不是机器人，他们独一无二的人生经历塑造了他们各自的观点和哲学，要让一组人就任何话题完全达成一致，比登天还难。事实上如果真做到了这一点反而不好，反对的声音有助于确保你的 OKR 被从各个角度审慎思考过。最后你必须对你们创建的 OKR 表示坚决支持，即使你团队中有一些成员并不是百分百地赞同某一个 Objective 或 KR，但他们在公开场合也必须支持它们，否则一旦他们释放出负面信号，缺乏对整个 OKR 项目的信赖，对你而言就会很危险。你需要包容不同的声音和观点，但一定要促使大家像一个团队那样团结一致，支持并积极参与所创建的 OKR。

对齐

现代组织中的大多数工作都是跨职能的，需要多团队协同解决所面临的问题或创造出新的工作模式，从而让多个业务领域都能从中受益。在团队层面制定 OKR 时，必须要基于这种假定来进行。

我们在前文中提到的小团队或动态二人组，应当把 OKR 初稿提交给其他团队评审，和这些团队的领导一起讨论存在依赖关系的 OKR。也即是说，一方面你需要和你的同事一起讨论你所负责的部分 OKR 是如何依赖他们的，同时也要向其他团队分享你的独特定位，以帮助他们实现其目标，这是一个双赢的过程。

评分通常能帮助你评估你以及你的团队之间的依赖程度。你可能还记得，0.3 分意味着你的团队无须任何帮助即可达到的程度，代表的是一般水平。如果你所定义的 0.3 和 0.7 这两个指标水平间差距非常大，那很可能就意味着这里面存在一个关键依赖。你和其他团队领导会面的目的，是要就依赖关系达成一致，并基于可提供的支持调整指标值。例如，如果你确定你的某个 KR 高度依赖于另外一个团队，那么你和这个团队会面的目的就是要让他们认可这种依赖关系，并承诺提供相关支持，这有助于你提升 KR 指标，因为你相信他们在必要时会给你提供所需要的支持。反过来，另外一种情况也可能发生，其他团队可能也会依赖于你们团队以达成他们的指标，这时你需要和他们一起探讨，如何才能为其提供帮助。

在这一步中，虽然你不希望对 OKR 进行全盘修改，但改变还是不可避免的。其他团队的新视角可以帮助你们发现和澄清目标中存在的潜在缺陷。一旦 OKR 刷新并汇总好之后，将它们发布给整个团队以再次征集大家的意见。此后除非变更遭遇重大阻力，否则就不用再进行面对面的交流了。

定稿

再强调一下，我们这里假定你创建的是团队层面的 OKR，在这一步中，团队领导及其合作伙伴应同其上级（可能是高管团队成员）交流，以获准在下一个季度实施这些 OKR。你可以提供一份概览，讲明：

1. 你这份 OKR 是如何得来的；
2. 你在起草 OKR 时所做的努力；
3. 你和其他依赖团队达成的合作协议。

另外，让你的高管团队理解你选择的评分指标背后的理由也很重要。你肯定不希望你都有部分成果出来了，高管在那时才认为这不是他们想要的。

发布

在最后一步中有两个部分。首先是把你的 OKR 上传到一个软件系统，或者任何你认为合适长期进行结果跟踪的产品中（Google Sheets、Excel 等）。这个过程确实很机械，但却至关重要。OKR 必须予以严格和正式的分类并跟踪，以确保其完整性。在餐巾纸背面涂抹计算和构思想法可能会帮助你想出好点子，但当你准备通过若干季度的努力去超越竞争对手、成功执行你的战略时，这样做对你就帮助不大了。有很多高质量的软件供应商提供有这方面的工具，当时机合适时，你可以考虑购买一款。值得注意的是，软件应该始终被看作是一个使能者，而非必需品。我们在第 5 章会进一步讨论该话题。

其次是向你的团队成员和其他相关人员发布 OKR。我们鼓励你使用多种媒介和大家进行广泛的沟通，但我们强烈推荐面对面交流的方式，比如全员会议或市政厅风格会议。这样做有很多好处，最主要的一个好处是，它为那些没有直接参与 OKR 创建的员工提供了一个交流机会，使得他们可以向做出 OKR 关键决策的人提问。给予员工这个机会可以让他们有一种公平和被倾听的感知，而这恰恰在很多场合缺失了。哈里斯互动公司（Harris Interactive）曾针对全球 23 000 名员工做过一次调查，仅 17% 的人认为他们的组织鼓励坦诚的沟通，尊重不同意见以产生新的、更好的想法。[18] 创新是成功企业的资本，如果 OKR 得以合适构建，可以很好地促进创新。但要做到这一点，每个人都必须理解你为什么要这样选择，以及他们应当如何为之贡献力量。这听起来有点像是在卖关子。是的，这就是我们的"且听下回分解"。我们将在接下来的第 4 章里告诉你如何自上而下地创建 OKR，确保全员专注于做最重要的事情。

注释

1. John Beshears and Francesca Gino, "Leaders as Decision Architects," *Harvard Business Review* (May 2015).
2. "How to Make OKRs Actually Work at Your Startup," http://firstround.com/review/How-to-Make-OKRs-Actually-Work-at-Your-Startup. Accessed January 21, 2016.
3. Schumpeter blog, "Management by Goal-Setting Is Making a Comback, Its Flaws Supposedly Fixed," *The Economist*, March 7, 2015, www.economist.com/news/business/21645745-management-goal-setting-making-comeback-its-flaws-supposedly-fixed-quantified-serf.
4. Donald Sull and Kathleen M. Eisenhardt, *Simple Rules: How to Thrive in a Complex World* (New York: Houghton Mifflin Harcourt, 2015).
5. Paul R. Niven, *Balanced Scorecard Evolution: A Dynamic Approach to Strategy Execution* (Hoboken, NJ: John Wiley & Sons, 2014).
6. Perry Hunt, "Never Underestimate the Power of a Paint Tube," *Smithsonian Magazine*, May 2013.
7. Ben Lamorte, "Everyone Should Have OKRs! Q&A with a Googler," *Enterprise Goal Management* (January 21, 2015), http://eckerson.com/articles/everyone-should-have-okrs-q-a-with-a-googler.
8. See for example Edwin A. Locke and Gary P. Latham, *New Developments in Goal Setting and Task Performance* (New York: Routledge, 2012).
9. Teresa Amabile and Steven J. Kramer, "The Power of Small Wins," *Harvard Business Review* (May 2011).
10. "Set Objectives and Develop Key Results," Re: Work, https://rework.withgoogle.com/guides/set-goals-with-okrs/steps/set-objectives-and-develop-key-results/. Accessed January 5, 2016.
11. Michael J. Mauboussin, "The True Measures of Success," *Harvard Business Review* (October 2012).
12. Michael J. Gelb, *How to Think Like Leonardo daVinci* (New York: Bantam Dell, 2004).
13. Christina Wodtke, *Radical Focus: Achieving Your Most Important Goals with Objectives and Key Results* (cwodtke.com, 2016).
14. "Goal Summit 2015: Why Goals Matter with John Doerr," *Better Works* (May 10, 2015), https://www.youtube.com/watch?v=MF_shcs5tsQ. Accessed January 25, 2016.
15. Greg McKeown, *Essentialism: The Disciplined Pursuit of Less* (New York: Crown Business, 2014).
16. Ibid.
17. Susan Cain, *Quiet: The Power of Introverts in a World That Can't Stop Talking*, Kindle edition (New York: Random House, 2012).
18. Stephen R. Covey, *The 8th Habit* (New York: The Free Press, 2004), 3.

Objectives and Key Results

第 4 章

联结 OKR 以驱动战略达成

我们准备以保罗身上的一个故事来开始本章,这个故事很好地说明了联结目标的重要性。

在大学三四年级间的那个暑假,我和退休父母一起住在加拿大东部小镇的家里。那是我从小到大居住的地方。虽然我的父母很珍视这套房子,也护理得很好,但加拿大严酷(有时也可以说是野蛮)的冬季还是给屋顶造成了不小的损伤。很显然它需要更换,越快越好!由于父母手头并不宽裕,而我在开始暑期工作前正好又有一些空闲时间,于是我决定自己去修理屋顶。当时我认为修理屋顶就像在彩纸上涂画那么简单。

第一步是找一些关系不错的朋友组成一个团队来实施这个工程。我当时认为这简直就是小菜一碟,几天内即可完工(这是许多错误假定中的第一个)。在比萨和啤酒的诱惑下,我所有的朋友都愿意前来帮忙。我父亲告诉了需要用到哪些材料,然后我们分头到镇上去购买。每个人都行动起来了。

在 5 月一个阳光明媚的早晨，我们开始动工了。大家从梯子爬上去，把工具和材料吊上去，开始拆卸老屋顶。于是，瓦片散落的声音、沥青纸撕裂的声音，以及从我的手提录音机（那可是 20 世纪 80 年代早期）中播放的比利·爱多尔（Bill Idol）的歌声弥漫在空气中。不到几个小时时间，旁边车道里散落着的房顶碎片，象征着我们提前到来的成功。很快屋顶就被剥离，现在剩下的就是要把新材料放上去组装好。问题就从这里开始了！

拆卸旧房顶很简单，可组装一个新房顶呢？我们没人知道该怎么做！我们没有一个整体计划来跟进这整个环节。不久前我们还井井有条，把材料从屋顶拆到地面，一遍又一遍地重复着这样的拆卸工作，直到剥离整个屋顶，但这个时候完全陷入了混乱。比利·爱多尔的歌声这时也来添乱。有两个家伙互相咒骂，因为其中一人觉得另外一人错把歌曲 *Eyes Without a Face* 唱成了 *How's About a Date* 里的歌词。现在，这个争执可以通过互联网歌词搜索功能在 15 秒钟内解决，但那时这个问题根本无法解决，反倒因此把我们分成了两个阵营。

这个时候，一位有屋顶维修经验的朋友救了我们。在我们维修的前几天他有事没能加入我们的行列，当气氛变得异常紧张、我们陷入极度混乱时，幸好他及时出现在我们面前。他快速评估了一下现状，和我们分享了屋顶组装的关键和必要步骤，然后按照先后顺序把组装过程分解成若干步骤，为我们每个人分配了相应的任务，这样大家就又能重新围绕整体目标去开展工作了。不到几分钟时间，我们又能高兴地继续组装屋顶了。那时我们没有一个人有屋顶组装职业资格，但我们却成功组装好了我家的屋顶，而且还让我的父母在里面干爽地住上了二十多年，这让我颇感自豪。

这个故事说明了什么？说明大学生不知道他们在做什么，不应该被信赖？不，不是这样的！这个故事表明，当人们无法看清他们如何才能为整体目标贡献力量时会发生什么，并非好心就能做好事。当我们开始组装屋顶时，每个人都明白做这件事情的意义，所以大家都激情满怀。但我们没有做这些事情的经验，不知道我们的行动对组装屋顶这个目标有何影响。在我的朋友赶到前，我们没有一个整体策略可以指导我们去为之努力。我们行动混乱，从而在这件事情上效率低下、结果不佳。

关键联结

美国和世界各地低得可怜的员工敬业度水平令人遗憾，造成的生产力损失让人震惊。敬业度持续低迷的原因和保罗及其朋友并无二致，同样都渴望着做有意义的贡献但却缺乏这样做的上下文支撑。

在一项针对美国 23 000 名全职员工的调查中，只有 37% 的员工很清楚公司计划做到什么程度，以及为什么要这么做。同一研究发现，仅 9% 的人认为他们的团队有清晰可衡量的目标。[1] 另外一些报告也给出了类似结论。在分析这些数据时，一位研究人员注意到，当员工能看到公司目标和他们的工作之间存在很强的关联关系时，对公司的盈利会产生巨大的积极影响。[2] 事实上，当员工能清楚地看到他们的工作和公司目标之间存在关联时，提升的不仅仅是员工敬业度，这种效应还能扩展到从流程改进到客户关系增强的方方面面，一直到损益表，最终提升企业的财务经营结果。很明显，如果组织能让员工们看到他们每天的工作会如何影响公司的整体目标，组织将受益匪浅。

联结 OKR

那么，如何阐明员工工作对公司整体战略的影响呢？最好的方法就是在组织内自上而下地联结 OKR。这里的联结，意指在公司内创建一组 OKR 集合，并将其同最高层级的 OKR 对齐一致（最高层级可以是公司也可以是业务单元，取决于你在哪个层面实施 OKR），从而突出企业内从团队到个人的独特贡献。

联结能带来很多好处，其中包括促进双向学习的能力。今天，每一个组织都必须具备快节奏学习的能力，这样才能补足必要的功课，甩开竞争对手的追赶。当你联结 OKR 时，你实际上营造了一个双向学习机会。首先，由于业务单元、部门和个人会制定他们自己的 OKR，这为他们提供了展示其向公司创造整体价值的机会。在联结 OKR 时，他们首先得理解公司的战略，从而制定出和它一致的 OKR，所以，当他们创建 OKR 时，实际上是在学习和加深他们对公司目标和战略的理解。与此同时，由于可以在整个公司范围内分析 OKR 的得分情况，领导者将能够便捷地审视整个公司的执行结果，而不是只依赖少数几个表明组织运营情况的抽象指标。领导者可以通过审视各个层级的 OKR 来深入了解公司的方方面面。这个名副其实的数据保障可以大幅提升决策质量、资源分配的合理性，并促进组织学习。

如何联结 OKR

在进行 OKR 联结时，你肯定不希望像保罗和他的同学们那样，爬上屋顶后才发现没有任何规划。别着急，我们为你提供了如下步骤，供你在联结 OKR 时参考。

要联结到多深入

我们在第 2 章讨论 OKR 应在哪个层面部署时谈到了这个话题。正如那里所指出的，你的终极目标是要在全公司范围内推广使用 OKR。关键是要看时机是否成熟。你是急于在第一年内就实现完全的自上而下的联结？还是希望采用更稳妥的做法，先实施几个月，甚至几年后再全面推广？

OKR 是你业务变革的利器，能激发新思维，带来前所未有的成功。为释放这种潜能，公司所有层级都应该拥抱和应用这套框架，从而形成一种新的公司语言——关于战略执行的共同语言。很显然，你联结的速度越快，员工掌握这套语言的速度也越快，结果提升得也越快。

我们坚信 OKR 必须联结才能产生更大效果，因而建议你积极但审慎地联结 OKR。这听起来似乎有些自相矛盾，所以我们有必要解读一下其中的关键词。"积极"这个词不言自明，意味着你快速而深入地在公司所有层级（也许是到个人层级）做这件事。然而，我们还用了"审慎"一词，它在这里暗含了你已经深思熟虑过了，能够对如下问题进行肯定答复：

- 领导者支持 OKR 吗？
- 公司层级的 OKR 中是否体现了清晰、明确的战略诉求？
- 不管初始结果如何，我们是否会坚持使用 OKR 来管理我们的业务？

若你能成功逾越如上障碍，那么快速推行就是合适的。

至于是否要一路向下联结到个人层面，则还需要回答另外的问题，你必须先仔细权衡利弊。让我们先来看看当 OKR 联结到个人时的潜在优势：

- 增强 OKR 意识：这种程度的联结对传递 OKR 框架原则和技术提供了强大的推动力。
- 增加接受度和支持度：理解这一过程并有机会直接参与其中，可以增强大家对它的承诺。
- 驱动全公司所有人对 OKR 的深入理解：为了制定出有效的 OKR，员工需要彻底掌握他们的团队以及相关团队的 OKR！
- 提升敬业度：由于员工可以清晰地看到他的努力与公司宏伟目标间的关联，他们会更加敬业，愿意付出一切必要的努力，以促成该领域的进步。
- 培养技能：在个人层面，OKR 反映了员工个人成长和为公司做贡献两者的融合。[3] 个人成长可以帮助员工推进他们的职业生涯，而这又能增强敬业度。

联结至个人层面有如上这些好处，但也可能会有如下一些弊端：

- 削弱敬业度：可能某些人会把 OKR 理解为公司强加进来的合规性工具，它增加了复杂度，导致完成工作的时间更少了。
- 对各种激励机制的迷茫：如果你的组织所使用的激励机制和 OKR 无关，员工可能会困惑为什么要存在 OKR 和激励机制这两套系统。
- 缺乏团队合作：员工可能过于关注他们个人的 OKR，而非团队的 OKR！
- 把 OKR 做成了待办清单（to-do list）：有效的 OKR 聚焦于结果，而非任务。然而当创建个人层面的 OKR 时，大家往往会抵制不住诱惑地把那些与岗位相关的任务全部包含进来。虽然这有助于个人任务管理，却并没有对整个战略执行产生实质性贡献。
- ❑ **没有增值**：一些团队可能在个人层面已经有类似于 OKR 的系统了。例如，一个拥有 100 名电话销售员的呼叫中心团队，可能已经有了一个呼叫中心跟踪系统，以向每名员工提供实时反馈。这个时候再让员工写 OKR 并更新他们的完成情况，就显得有些多余。

最终能否开展这种深度联结，取决于你的文化和准备度。我们看到一些成功实施 OKR 的组织将个人 OKR 作为一种可选项在操作。西尔斯控股公司（Sears Holding）有一个创新实践就是这么做的，它允许员工自行选择是否加入 OKR 项目。我们将在第 7 章中介绍更多细节。

决定 OKR 的数量

在上一章中我们达成了共识，即你公司的 OKR 应该包括 2~5 个目标，每个目标下包含 2~4 个 KR。然而，这个范围仍然较宽，所以建议你遵循那句老生常谈的建议：少即是多。

当你准备联结 OKR 时，也许是要联结整个组织的 OKR，你必须确定是否要对每个团队可设置的 Objective 和 KR 数量设置一个限制。那些刚实施 OKR 的人，可能会兴奋于不断制定新的、永无止境的 OKR 去推动他们前进。

对 OKR 保持激情无疑是很好的，因而你可能不愿意打击大家在这上面的激情，但一旦 OKR 超过一定数量，你的收益很快就会递减。因为这意味着你将难以管理和应对，你得到的实际上是一个臃肿不堪的重点工作清单。至于这个数量界限在哪，则因人而异，不能一概而论。但整体而言，我们希望它尽可能少，你应当让你的团队从一开始使用 OKR 时就养成这样的习惯。如果大家坚持要给出一个结论，那么我们的建议就是：与其费尽心力思考多少个OKR才算合适，还不如花些时间思考如何做才能更聚焦，这才是要设定OKR数量限制的初衷。

让你的团队准备好进行联结

即使是最擅长跑步的人，也不会立即系好鞋带就开跑，而是会先进行一些拉伸训练，放松他们的肌肉，让身体准备好迎接即将到来的挑战后才开跑。OKR也是一样的，在真正创建OKR之前，请做好充分的准备，让你的团队处于最佳状态。

第2章我们讨论过使命陈述的重要性，它明确了组织的核心意图，所有准备创建并联结OKR的团队，都应该先创建一个表明其存在价值的使命，指明这些团队为什么要存在，它们如何给组织增值。我们在好几个地方都用到"上下文"一词，这里我们又重复了一遍，因为创建使命这个活动将为OKR的联结提供上下文支撑。随着团队成员对潜在OKR的讨论，他们会不断对齐使命，以确保他们的OKR能很好地适配公司的整体目标。

拥有使命宣言后，每一个OKR联结组接着必须回答一个基本问题："我们如何支撑组织的使命和战略？"从更大的层面看，团队如何致力于公司的成功？正如你将学习到的，影响力这个概念是联结的关键。通过让成员们事先列举出是如何支撑公司的整体战略目标的，可以让团队为这项任务做好充足的准备。

确保每个人都理解最高层级的OKR

你还记得孩子们通常在生日宴会上玩的传声筒游戏吗？孩子们围坐在桌子旁，或者站成一条直线，然后父母低声地在第一个孩子耳旁说一句话，比如"All little kittens love milk"。第一个孩子然后转身对第二个孩子低声传递这条消息……一直持续到最后一个孩子为止。

然后最后一个孩子大声地向大家重复一遍他所听到的信息。不出意外的话，这个时候的信息已经被断章取义，变得面目全非了。最后一个孩子也许会自豪地说出他所听到的句子是："Olive and Kenny love Mike"，于是引来哄堂大笑。

联结 OKR 可以看作是一个更加复杂版本的传声筒游戏，只不过下的是一个更大的赌注。当你开始传递公司层面的 OKR 时，就好比你在第一个孩子耳旁的低声细语，然后你希望这个信息被逐步传递给业务单元，再传递给部门，最终被员工接收到时，它仍然非常清晰明了，被正确理解了，从而创建他们各自的 OKR 以达成公司整体战略目标。

当你传达公司的 OKR 时，务必确保组织中的每个人都理解它们：它们具体意味着什么，为什么选择它们，以及为何它们对公司的成功如此重要。即使你创建的最高层级的 OKR 看起来非常的直截了当，目的和意义都很清晰，但别忘了其他人会基于自己的经验去理解这个信息，从而得出截然不同的结论，这可能导致 OKR 在联结时出现可怕的错位。组织内的沟通应该实事求是，不能夸大其词。很多变革专家认为，组织内部存在对沟通关键事项的严重低估倾向，通常是数量级的低估。这里有一个快速指南，当你变得疲惫不堪几近崩溃时，不妨从沟通公司 OKR 的 how 和 why 开始，你可以通过这种方式在组织内表达你对公司 OKR 的重视。我们一个客户理解了这种重复的必要性，CEO 在公司范围内开月度会议时，总是以使命和公司 OKR 作为开场白，这只需要花 5 分钟的时间。但在当今这个注意力极度分散的社会，可能 4 分 30 秒对部分人来说都太长了。在一遍又一遍地听到使命和 OKR 时，他们可能早已开始翻白眼了，但 CEO 对此却颇为满意，他知道只有一遍又一遍地重复这些信息才能让它走进员工心里，确保被有效执行。

联结的关键是影响力

联结 OKR 的宗旨和目标，是要让所有团队甚至是员工个人都能展示他们是如何影响公司的 OKR 的，我们准备用图 4-1 来展示整个过程。

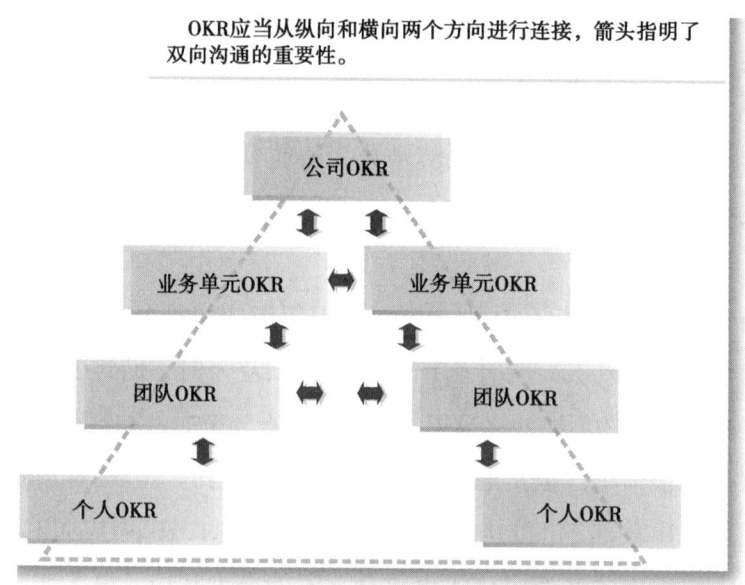

图 4-1　OKR 联结过程示意图

正如前一节所指出的，联结过程应当从顶层 OKR 开始，这些 OKR 对你的成功有着至关重要的影响。在开始联结前，公司里的每个人都应当深刻地理解它们。这里我们假定你是从公司顶层开始推行 OKR，在这种情况下，第一个联结过程发生在业务单元处（参见图 4-1，但你公司的术语可能会略有不同），他们需要先学习研究公司的 OKR 并回答一个问题："我们能影响公司的哪些 OKR？以及如何影响？"

在开始这个过程时，你需要特别注意的是，不能期望所有群体都对公司的每一个 Objective 施加影响，那不是联结过程的本意。一些组织未能认识到这一点，因而坚持让业务部门和团队基于公司的每一

Objective 制定他们自己的 OKR，这样做通常会导致 Objective 和 KR 的变形，表面看上去适配了公司的 OKR，实质上和部门或团队自身工作毫不相干，而且还导致精力分散，没有聚焦在最重要的事情上。你的目标应该是影响力——我们能帮助推进哪些 OKR？不过，每个业务单元至少应当和公司的某一 OKR 建立联结。

同样重要的是，OKR 并不需要一对一无缝联结。无缝联结的极端场景是：下层团队简单地拷贝上层团队的 KR，并把它作为自己的 Objective。我们经常在那些初次应用 OKR 的团队里看到这种情况。虽然复制粘贴上层组织的 KR 作为你的 Objective 似乎也很有意义，但这是一种懒惰和不那么有效的做法。绝大多数 OKR 联结过程都应当自下而上地进行，让它们展示该团队的独特贡献。我们同意约翰·杜尔（John Doerr）的观点，他指出，OKR 应该是"松耦合"，而非"紧耦合"。同你上级主管的 OKR 联结过程应该是一个沟通协商的过程。[4]

一旦业务单元制定了他们的 OKR，它下面的团队就可以继续这个高风险的传声筒游戏了。团队层面的 OKR 应该更多地聚焦其上层业务单元的 OKR，而非公司的 OKR。你应该继续这一过程直到员工个人层面，这取决于你公司的组织层级。如果一个联结过程实施得好，就能让员工清晰地看到从他自己的 OKR 到团队 OKR、到业务单元 OKR，一直到公司 OKR 的关联关系。

众筹法

现在你已经制定好了公司的 OKR，并准备把它同业务单元的 OKR 联结起来。此时你所面临的最直接、最迫切的一个问题是："我们应该怎么做？"上面已经讲了原理，可具体执行时应遵循什么流程呢？大多数公司可能会指派专人逐一同业务单元一起构建他们的 OKR 联结，这个人可能是管理团队或战略团队的成员，他会和每个业务单元分别召开研讨会，花费大量时间和精力以确保业务单元创建的 OKR 同公司层面的 OKR 是对齐一致的。我们认为还有一种更有效的方式，称之为**众筹法**（mass connect）。

这种方法能很好地促进开放式沟通和良性竞争，并加深 OKR 制定过程中的友谊。众筹法不是要单独地和每个业务单元分别研讨以联结 OKR，而是一次性把所有团队聚集在一起去联结 OKR。如果你的组织规模特别大，你可能会想："什么？把每个人都召集起来？我需要像麦迪逊广场花园[1]那么大的容量才能容纳来自所有业务单元的人。"显然这是不切实际的，在这种情况下，我们建议你从每个业务单元选择一些代表（通常是 2~4 个人），代表这个团队参加会议。以下是众筹会议的标准议程。至于会议时长，我们通常会预订 6 小时，以留足休息时间。

- ❏ **领导者简述你们的 OKR 旅程**：开场时，让一名领导者激动人心地（充满希望地）讲述你们为什么要实施 OKR，目前为止你们做了些什么，以及你们对这次会议的期望。这就为这次研讨创造了一个上下文支撑，再一次帮助大家理解了 OKR，并激励团队竭尽全力去为之努力。
- ❏ **OKR 知识复习**：这个时候我们希望你已经为整个公司准备好了丰富的 OKR 培训材料（文章、书籍、演示文稿等等），但本着过度沟通[2]的精神，利用这个机会确保所有与会人对 OKR 的认知被拉齐到同一水准。这不需要你对所有文档进行全面复习，只需要对关键主题做一个简要回顾即可。
- ❏ **演示公司的 OKR**：和上一个环节一样，我们假定这不是你第

---

[1] 麦迪逊广场花园（Madison Square Garden）可同时容纳 19 763 人。——译者注
[2] 过度沟通：不停地向利益相关人沟通，直到他们开始抱怨为止。——译者注

一次分享公司的 OKR，只是利用这个机会再次强化一下每个 Objective 和 KR，回答大家的一些问题，确保每个团队对公司的 OKR 都真正理解到位，以便起草他们自己的 OKR。

- 起草 OKR：给团队预留 90 分钟的时间，让他们创建其业务单元的第一份 OKR。这里需要一个协调员角色，一个或多个均可。协调员要在房间内各团队间来回走动，回答大家的问题，确保团队按序推进没有偏离正轨，始终聚焦在手头的任务上。协调员还应给大家提供指导和支撑，帮助那些陷入困境的团队走出泥潭。我们曾无数次扮演过研讨会的协调员，毫不夸张地说，这个过程非常有趣。房间里充满了正能量，大家讨论得非常激烈而有趣。当大家成功找到解决方法并魔术般地制定出优秀的 OKR 时，都会激动不已，忍不住欢呼雀跃。

- 发表 OKR：给每个团队大约 10 分钟的时间让他们分享本团队的 OKR，并回答问题。这一步要特别注意控制时间，有些人喜欢夸夸其谈老跑题，这会很快让大家泄气，稀释研讨氛围。

- 横向交流想法：这是另外一个有趣的部分。在这一步中，团队要和其他相关团队一起交流讨论他们的 OKR 初稿。这些团队可以是他们依赖的团队，或者依赖自己的团队。这能很好地促进 OKR 的横向对齐以及思想的跨领域交流，增强大家对每个团队在组织中的重要角色的认知。

- OKR 返工：每个团队基于其他同事的反馈，仔细审视、刷新、精炼他们自己的 OKR。

- 再次发表：每个团队再次发表更新后的 OKR，并回答大家提出的问题。

细心的读者可能已经发现，我们没有给出每一个步骤的时间要求，因为你分配给每个步骤的时间取决于这个房间里有多少个小组。显然，团队越少，研讨时间就越少。研讨会之后，你的OKR斗士（也即负责推动OKR项目实施的个人或小组），应当跟进每个小组以最终使其OKR定稿。

与逐一开展研讨的方法相比，这种联结法不光能激发正能量，而且更加有效。通过一次性把大家召集到一起，你可以大幅缩减OKR联结时间，显著增强大家做这事的动力。

对齐一致

我们希望本书读者众多，能帮助很多组织通过OKR提升其业绩，但是"众多读者"是一个相对的提法。很显然，这本书暂时还不具备《孙子兵法》那样的影响力。这部中国的军事著作写作于公元前5世纪，至今仍备受拥戴，读者众多！只不过今天的读者人群变了，今天的读者更多地是希望从他的著作中找到商业灵感，而不是如何在军事冲突中击败敌人。孙子在书中讲述了很多看似复杂却很精炼的格言，其中一句特别适合我们这一节的内容，即"上下同欲者胜[5]"。

对任何跨国公司、地方政府、当地非营利性组织和街边小摊而言，确保员工凝聚在一个共同的目标之下都是头等重要的大事。正如我们之前所讲的那样，联结OKR为驱动公司每个岗位和职能的对齐提供了一个绝佳的机会，这一节我们将会为你介绍两种对齐方式：垂直对齐和水平对齐。

垂直对齐

大家在提到企业内部联结目标时，最先想到的可能就是这种对齐方式。正如这个词所表明的那样，垂直联结是指自上而下创建OKR，直到员工层面。然而，正如我们之前所指出的那样，这不是要让管理团队强制性给低层级团队指派新目标，而不管该目标是否必要或合适；相反，垂直联结是通过让团队、部门或员工查阅他们所汇报给上层团队的OKR，并回答这样一个问题："我们如何才能影响这些OKR？在我们所处层级中，我们应该做些什么来促进我们自己和上层团队共同的成功？"这个过程应该是松耦合（loose coupling）的。通过垂直对齐这种方式，我们试图在你的团队和你所汇报的团队之间建立起一种关联关系，并最终促成整个公司的成功。

公司环境中由4个英文字母组成的最糟糕的单词是什么？是silo（筒仓）。我们都很清楚筒仓效应对公司业绩有很大的损害：一个个单独的团队都只关注自己的成功，而不管组织的整体战略目标怎么样。现在我们姑且相信这些部门的筒仓是无辜的，它们不太可能总愿意和组织中其他团队孤立起来。事实上，一种更合理的解释是：它们从未被赋予正式的使命，以展示它们是如何致力于公司的重点工作的。由于管理者特别看重各职能部门的专长，因而过于关注这一特定能力，而忽略了其他的内容。然而，经验表明，如果你给员工展示他们是如何为公司业绩做贡献的机会，他们会很乐意这样做。

这里有一个关于垂直对齐的例子，来源于最近我们所服务的一个客户。这家公司中等规模大小，CEO宣布"客户保留"是他们头等重要的大事。以前，客户保留是"客户保障团队"的职责，这个部门负责老客户关系的维护和新客户的挖掘。当CEO宣布其决定后，每个人都认为客户保障部应当更加努力，才能达成公司新订的客户保留目标，其他部门则一切照旧，该做啥做啥。然而，在实施OKR的情况下，他们可以创造出一种在全公司内对齐的文化。

产品团队以前只关注他们认为新客户想要的那部分内容，或者能把产品同竞争对手区分开来的那部分特性。在应用OKR以后，现在产品团队在接到一个新需求后，会首先问一个问题："这个产品改进会如何促进客户保留？"市场团队也开始转变他们的观念，他们从过去的依靠资助渠道伙伴的事件营销方式转变为发布了第一个年度用户大会。他们深信这将有助于促进用户保留。在用户大会上，他们花了大量的时间访谈客户，并搜集有价值的调查数据。OKR的实施也成功改变了销售团队的工作模式，现在他们会花时间去拜访他们的安装用户，并围绕如何增值这个话题开放地咨询。通过这种方式，他们构建起了良好的协作关系，突出了协同工作的重要性，大家的目标趋于一致，都是为了助力客户保留。上面这些团队做的事情各不相同，都和他们的特定职能相关，但共同之处是他们都在识别那些能提升客户保留的关键事项，这就是垂直对齐的作用。

最后我们再来思考一下垂直对齐这个过程，这个概念通常可以用瀑布来打比方：目标像水流一样自上而下流遍整个公司。不过，我的朋友，精益绩效（Lean Performance）咨询公司创始人菲利佩·卡斯特罗（Felipe Castro）给出了一个更恰当的比喻。他认为垂直对齐更像是喷泉。喷泉的水确实是从最高点喷流而下，但这些水并不会一直停留在底部，而是通过喷泉持续不断地流动。这幅画面非常漂亮，很适合垂直对齐场景：目标确实是从顶层自上而下贯彻，但在垂直联结的过程中，知识和经验又从底层回流到了顶部，形成了一个永不休止的循环。

水平对齐

由于大多数企业都已实施目标级联并擅长于此，因此大多数人对垂直对齐或者目标级联的概念并不陌生。管理者对垂直对齐的依赖根深蒂固，其历史渊源已久，至少可以追溯到20世纪50年代德鲁克提出MBO（目标管理）的时代。

因此，大家都深入地学习过这个概念，在企业界也诞生了一系列广为人知的优秀实践。可是，为什么公司如此重视垂直对齐的内在价值，垂直对齐也使用了好几代人，可战略执行的效率还是如此之低呢？

这表明公司还需要有另外一种形式的对齐，一种被很多公司忽略了，但却对战略执行至关重要的对齐方式，即水平对齐（参见图4-2）。如下一组数据可以让你快速理解为什么水平对齐如此重要。当管理者被问及他们在大部分时间里是否可以依靠他们的老板和直接主管时，84%的人表示赞同；而当问及他们是否可以依靠其他部门和业务单元的同事时，只有不到9%的人给予了积极答复。现在企业里很多工作都需要多个部门通力协作，以解决客户问题或为客户创造新的价值。当各部门相互独立、各自为政时，往往会发生很多破坏性的事件——重复劳动、错失机会、不断升级的冲突，等等，最终损害公司文化。当直接问管理者跨部门协作现状如何时，30%的人将无效的跨部门协作视为其战略执行的最大障碍。[6]确实，在这一点上，他们没能找到一种系统的解决办法来促进跨部门协作，帮助组织在激烈竞争的环境中很好地生存下来。我们相信OKR可以填补这一空白。

好消息是实现水平对齐并不是特别的复杂，你只需要制度化地同公司里的其他部门进行详细的沟通交流，以找出实质性的依赖关系，然后确保双方都创建相关的OKR以反映这种依赖关系。最终的OKR可以是每个部门各自创建一个，或者在某些情况下多个部门共用一个。如果多个部门确实需要紧密协作以完成同一目标，他们可以选择这么做。共用同一OKR可以很好地避免一些问题。例如，其中一个团队完成了他们自己那部分OKR，然后欢欣鼓舞，而其他部门却在为他们的那部分焦头烂额，而事实上他们依赖于第一个团队的OKR，其结果就是，由于缺乏团队合作，公司最终并没能达成其整体目标。虽然共享

OKR有其存在意义，但我们希望这种情况只占你公司很小的比例，它不应当成为主流。

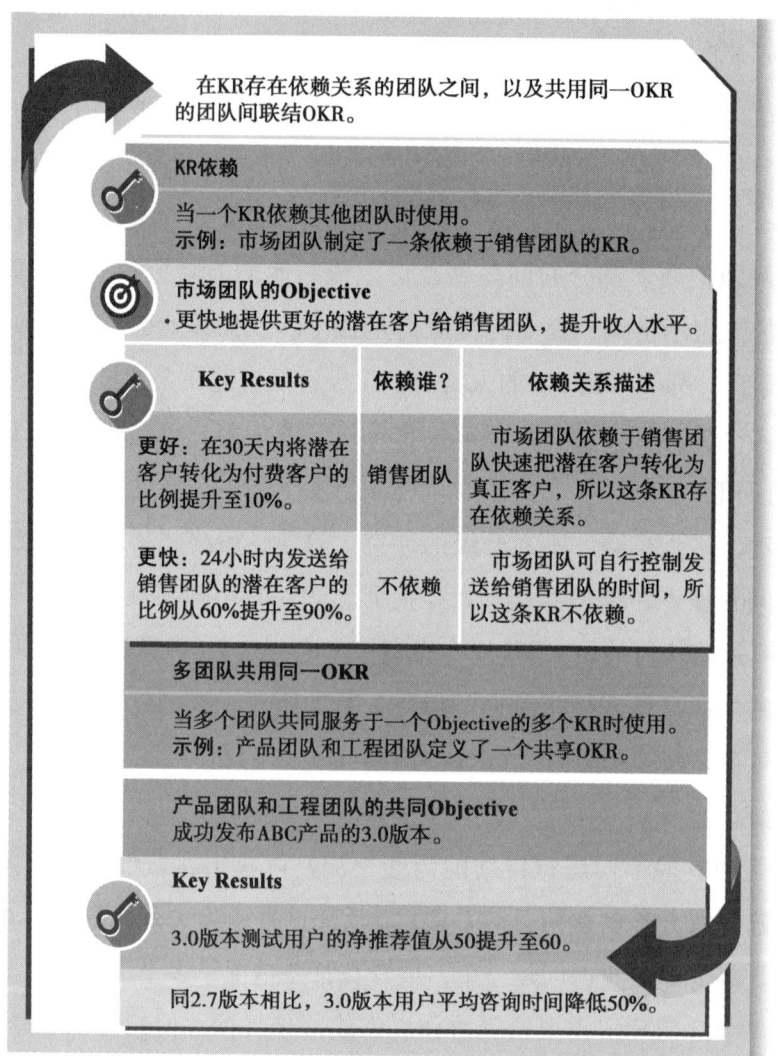

图 4-2　水平对齐

在众筹法联结一节中，我们提到了"横向交流想法"这个步骤。在这一步中，团队之间相互分享自己的OKR，围绕共同利益寻找可能导致 Objective 和 KR 刷新的依赖关系。这个过程非常的敏捷，能快速发现依赖关系并生成一个更有效的 OKR。然而由于时间限制，可能需要你在众筹会议之后继续跟进，同其他相关部门再次交流对齐以生成最终的 OKR。换句话说，你得重视这项工作，花些时间和精力在这上面才能把这项工作做好。

确认已联结的 OKR 的一致性

对一个公司而言，OKR 的价值有两个方面：一方面能让公司更聚焦，专注于真正重要的事情上；另一方面，通过联结 OKR 让所有参与者都能展现他们对公司整体宏伟蓝图的贡献。联结是整个 OKR 制定环节中最为重要的部分，因此请务必认真开展这一工作并真正达成联结目标。当你在实施 OKR 时，不能想当然地认为低层级团队的 OKR 天然就是同上层组织对齐的，你必须逐一检查每份 OKR，确保它们同公司的战略目标是一致的。下面列出了一些你在审视已联结的 OKR 时需考虑的因素：

- ❑ **目标覆盖情况**：下层团队在制定 OKR 时，不可能百分百地影响其上层团队所有的 OKR。这里的关键是影响：在我们所处的层级，我们能对上层团队的哪些 OKR 施加影响？以及我们如何追踪这种影响？然而在评估对齐情况时，重要的是要确保整个企业都已充分覆盖了你最重要的 Objective。例如，如果公司层面确立了一个 Objective，希望缩短产品开发周期，可在所有已联结的 OKR 中没有任何一个 OKR 提到这一点，这就存在很大问题。

- ❑ **垂直对齐与水平对齐**：有效的 OKR 需要在纵向和横向两个方向

进行延展，尤其是当团队间存在很强的依赖关系时，你应该在已联结的 OKR 中看到相当比例的垂直对齐和水平对齐情况。

❑ **合理的指标评分水平**：特别是对那些新 OKR，以及那些以前从未考虑过的 OKR，要找到合理的评分水准相当困难，这需要大量专业判断才行。要确保指标水平一方面能反映出适度的挑战性，同时又在团队的掌控范围之内。

❑ **战略影响**：这是一个有效联结的 OKR 所必须具备的一个共同特点，这个 OKR 的达成能否促进公司一个或多个 OKR 的达成？毕竟，这才是联结的根本目的。

❑ **遵从任何你已经建立的规则**：例如，如果你已经要求 OKR 的数量不能超过一个数字，那么所有联结的 OKR 都应该遵从这一规则。联结的一个最大好处是允许个体在制定 OKR 时充分发挥其创造性。但创造也不能漫无边际，毫无规则约束，确保大家遵从一致的规则，有利于帮助大家更好地理解和开展这个项目。

结语

言行不一致、说一套做一套在现代组织里司空见惯，对组织的伤害很大。我们都曾在自己的职业生涯里亲眼目睹过这种现象。老板一方面大力提倡团队合作并鼓励分享，另一方面又自己封锁信息，让员工一无所知，从而大大削弱了他们做日常决策的能力。又比如，高管要求团队所有人都高绩效，但又拒绝开除低绩效员工，放任那些态度消极、表现差劲的人拖累整个团队。从神经科学维度看，我们的大脑热衷于模式识别，因而上述这些不一致（或者其他很多类似不一致）将让你陷入混乱和挫败，从而影响我们的工作积极性。

联结也许不能完全解决这个问题，但可以大大改善这种情况。当你制定并联结了 OKR，你实际上是在员工和他们的主管间达成了一种协议。同任何协议或合同一样，这其中都有一个协商环节。这里的**协商**（negotiation）指的是让你的团队和上层团队及其他团队沟通达成一致，确定哪些 OKR 是你的团队可以为之做出独特贡献的部分。在这个过程中你可以对任何明显不一致的地方提出疑问，告诉你的上司为什么它们会妨碍你的绩效表现。单单这一对话过程就非常有意义，它开诚布公，帮助你看清方向，以及可以做哪些事以确保每个人都聚焦在那些对成功而言最重要的事情上。我们已经参加过几十次这样的对话，团队领导者和他们的上司就 OKR 进行了充分的交流，他们的反馈普遍比较积极正向。一个公司的首席信息官在经历过这种交流后很快打电话告诉我们："我和我的董事们相互认识已经二十多年了，但只在听到他们向我们介绍的 OKR 后，我才第一次真正明白了对他们而言，什么才是最重要的。"

我们将引用 *The Amateurs* 一书中的一段话来结束本章，作者让奥林匹克划桨手们描述他们的最佳时刻，下面是他捕捉到的一段描述：

> 大多数划桨手在谈到他们在比赛中的美妙时刻时，很少提及赢得比赛，而是在船上的那种感觉。当 8 只桨一起在水里划动时，那种同步几近完美，在那个时刻，船仿佛就要浮出水面，划桨手把这个时刻形容为飞翔时刻。[7]

当人们围绕一个共同目标一起努力时，再没有比这个形容更恰当的了。通过联结 OKR，你一样可以拥有划桨手们那种如鱼得水的感觉。

注释

1. Stephen R. Covey, *The 8th Habit* (New York: The Free Press, 2004).
2. Stephen Taub, "Dazed and Confused," *CFO.com* (September 2002).
3. Christina Wodtke, *Radical Focus: Achieving Your Most Important Goals with Objectives and Key Results* (cwodtke.com, 2016).
4. From John Doerr interview at Goal Summit, San Francisco, April 16, 2015.
5. Sun Tzu, *The Art of War* (Oxford, UK: Oxford University Press, 1963).
6. The statistics in this section are drawn from Donald Sull and Rebecca Homkes, "Why Strategy Execution Unravels—and What to Do About It," *Harvard Business Review* (March 2015).
7. Quoted in James Surowiecki, *The Wisdom of Crowds* (New York: Doubleday, 2004).

第 5 章

用 OKR 进行日常管理

曾经有个叫格斯（Gus）的人，负债累累，无力偿还其所欠债务。他花光了所有积蓄，不知道该怎么办好。一天格斯来到教堂，跪在圣坛前，祈祷上帝保佑他彩票中奖，以缓解他当前的财务状况。他恳求道："亲爱的上帝啊，请让我中一次彩票吧！我保证重新做人。"一个星期过去了，格斯没有中奖。他回到教堂继续祈祷："主啊，就让我这周中一次奖吧，我发誓，我将因此而翻开新的一页。"又一个星期过去了，格斯还是没有中奖。他倍感挫败，眼泪汪汪地回到教堂，"主啊，我就不明白，我虔诚地祈祷了，也承诺将洗心革面，可你为何就是不让我中奖呢？"就在这时，圣坛上空响起一阵宏伟庄严的声音："格斯，我一直在垂听你的祷告，可最起码，你应该先买一张彩票吧？"

可怜的老格斯即便花上一生的时间去祈祷上帝帮他减轻债务，可没有采取任何行动，就算是上帝也爱莫能助。制定 OKR 后不迅速分享和审视完成情况，就好比希望中彩票大奖却不去买彩票一样。你不能把目标制定后就束之高阁，然后希望 OKR 自动给你带来收益。现在，员工都很容易从最重要的事情上分心，每天都有无数的紧急事情要去处理，但要确保战略得以成功执行，让你的绩效表现提升到一个新的水平，你必须有规律地定期审视你的 OKR 执行结果，让这成为你运营和企业文化的重要组成部分。接下来几节我们将告诉你该如何做。

关键动作：周例会、季度中期审视、季度评估

现今的公司要想在竞争中保持领先，不被竞争对手颠覆，不丢失市场份额，就必须不断学习。在这种环境下，如果你等到季度结束时再去评估结果完成情况，木已成舟，你已经错失了很多绝佳的行动机会。所以在整个季度中，你需要实时获取最新数据，将其转换为有用信息，在整个企业内分享，供大家参考。基于这个原因，我们为你提供了一个可三管齐下跟踪 OKR 完成情况的方法：周例会、季度中期审视和季度评估。

周例会 [1]

当你看到"会"这个词时，你可能觉得非常的"不屑"，你也许会想："又要开会？没搞错吧！这就是你的最佳建议？"对此，我们有两点考虑：

1. 虽然我们建议你开周例会，但这只是一个建议而非强制。每个组织对会议的看法各不相同，这可能适配你的文化，也可能不适配，要具体问题具体分析。

2. 增加一个会议看上去增加了你的工作负担和组织复杂度，但实际上这类会议（以及稍后我们将谈到的季度中期审视会议），通过强调对目标达成有重大影响的那些关键事项，事实上可以简化和降低你的组织复杂度。一旦你开好了这些会议，你会发现其他会议与之比起来价值甚微，甚至可以从你的日程表中直接划掉。难道不想尝试一

下吗?

周例会的目的有三个:

- 评估进度;
- 在问题爆发前识别潜在风险;
- 在使用OKR之初,就严谨地把OKR和基于绩效的管理方法集成到公司文化中,以确保团队持续聚焦。

不要把这个会议当成是对结果的正式检查。相反,重点应该放在如何分享信息和促成更有价值的讨论上。

以下是周例会的一些建议,时间上应该不会超过一个小时:

- **会前充分准备**:尤其是召开会议的团队成员的级别比较高时,可以首先从确认哪些人参会这一点着手开始这项工作。虽然在过去10年,虚拟会议无论是质量还是数量都提升了不少,不过有时候还是希望大家能面对面地讨论一些重要决定,对一些有争议的问题进行现场辩论,分享一些关键信息等等,因此事先弄清楚大家的时间安排就很有必要。
- **确定工作优先级**:这周的工作重点是什么?要做哪些事才能让OKR的达成更进一步?正如上面所提到的那样,人们很容易陷入救火的泥潭而忘了初心,忘记了那些对结果达成最重要的事情,所以明确工作优先级会帮助大家更好地达成OKR。
- **状态确认**:第3章中我们曾分享过OKR专家克里斯蒂娜·沃德克的一条建议,也即当你们制定OKR时,将成功与失败的预期设置为一半一半,这样在周例会上,你可以再评估一下大家的自信程度:成功概率是提升了还是下降了?结果是哪个并不重要,重要的是要弄清楚为什么会这样。如果你们在稳步推进,你应总结固化经验以确保这种状态能持续下去；如果团队动力不足，就应该讨论下如何投入更多资源以确保事情重回正轨。请记住，团队的评估是一个主观评估即可，这是一个非正式的评估，不应该让团队花费大量时间去收集数据来做这件事。本章后面会讨论如何在OKR评估期间设定学习基调，在这里你只须要认识到，对你而言特别重要的是，要让你的团队成员都乐于分享他们在达成OKR的过程中遇到了哪些困难，信心是否有增强。如果下属分享的不利信息受到上司的指责，那么久而久之就再也没人愿意说出他们遇到的困难和风险，当这些最终被发现时可能已经来不及补救了。这会给公司带来大麻烦！在大家开诚布公地分享讯息哪怕是不利讯息时，你应确保团队成员敢于把它们说出来。这种做法应该被鼓励，而不是被指责。

- 激发员工敬业度：OKR应该要能充分激发大家进行创造性思考，以达成前所未有的高度。然而，挑战性目标也可能会有副作用。如果目标达成遭遇挫败，负面情绪会在团队中快速蔓延，造成大家开始倦怠。通过周例会可以及时了解团队的情绪状态，他们是否仍在积极地去实现目标，还是只是打打嘴上功夫没有任何实际行动？

- 从大局出发：公司应该频繁地跟踪健康度量项，因为它代表的是对战略的成功执行。精心设计的OKR最终要能促进健康度量项的达成。为此，可以通过周例会去讨论健康度量项的任何进展或存在的问题，以及它们对你当前或随后几个季度OKR的影响。

如果进展顺利的话，当会议结束时，每个团队成员都应该充分理解了其他同事在下周的关注重点，并提供一切必要的帮助，以确保团队目标被稳步推进。

季度中期审视

如果我们召集 4 位财政部长、4 位跨国公司董事长、4 位牛津大学经济学院学生和 4 位清洁工人来对未来一系列关键经济变量进行预测，你认为谁的预测最准确？不用猜，因为《经济学人》杂志在 1984 年已经做过这个实验。结果如何呢？跨国公司董事长和牛津学生的预测同清洁工人的预测差不多，最差的是财政部长的预测。更糟糕的是，他们的预测均值要么比实际值高出 60% 以上，要么低出 60% 以上。[2] 你可能会说："那是几十年前的事了，我们现在对预测越来越熟练和有效了。"很不幸的是，情况并非如此。在近期的一项研究中，研究人员让来自不同行业的数百名首席财务官，对标准普尔指数在未来 9 年期内的年度收益进行预测，他们的预测准确性（偏差在 20% 以内）只有 1/3。[3] 人类尽管一直热衷于预测一切，事实上对预测却并不在行。这意味着我们对 OKR 的预测也面临同样处境。

在周例会上，我们建议你每周例行评估一下大家对目标的信心指数。这项工作更多是主观进行的。由于很多团队成员都可能是初次接触这样的评估方法，他们的预测结果可能会出现很大偏差，也许和上文提到的财政部长的预测相差无几。虽然大家并非故意，但如果预测结果和实际偏差太大的话，最终可能造成在季度结束时目标达成得非常糟糕。为了避免这种情况的发生，我们建议你在季度中间对进度做一次比较正式的审视。我们这里用了*比较*一词来修饰。和周例会一样，我们并不是要在这里进行十分正式的审视，而是要寻求正确的方向性信息。这意味着一方面你需要让团队在达成 OKR 的进展方面能适度深挖，但又不至于花费太多时间去收集数据和证明他们的说法。

除会前准备这一步可能比较特殊一点外，我们在周例会一节中提到的其他每个主题，你几乎都可以应用于季度中期审视。只不过在季度中期审视时，应更多关注"状态确认"这一步。你需要根据收集上来的新信息重新调整期望值，以确保在余下的六周里重点采取哪些行动。基于你所处行业的变化速度，可能在过去的几周里外部环境已经发生了剧烈变化，某一目标可能已经变得不切实际，从而必须放弃；而其他一些目标的优先级必须适度提升并确保其资源投入，以达成目标预期。另外，也有可能由于客户需求的变化、供应商问题、战略重点的变迁或者其他一些需要引起关注的问题，导致你可能需要中途刷新OKR。

即便增加了这一环节，要想准确预测你的OKR能否确凿无疑地达成仍是一件十分困难的事，但是，这样做无疑会让你的预测相对于直觉来说可靠了许多。有实际运营数据的支撑，可以使你对目标达成情况进行更合理的预估，让你在本季度剩余时间里能合理地调度资源以导向成功！

季度评估

依靠猜测和主观判断来确定当前处于什么阶段的时候已经结束了。现在需要在季度末对你的完成情况进行一次客观正式的评估。季度评估会议最重要的两部分内容是要弄清"做到什么程度"和"怎么做到这个程度的"。"做到什么程度"是指你需要对每一个KR进行评级或打分。基于当季度的实际绩效表现，每个团队（甚至每个人）都需要给出他们的最终得分，以及这些得分的理由。得分和理由会面向他们的同行、同事和上级公开，这种广泛公示和分享结果的做法，实际上是OKR方法的另外一个好处。这可以为所有团队提供一个学习其他团队的优秀实践和经验教训的机会，帮助他们了解已取得的成绩，以及整个组织都目标一致时的巨大价值。如果你已经严格地执行了周例会和季度中期审视，那么给出OKR的最终评级于你而言就会相对简单、直接和快速。

在实际陈述结果达成情况时,应注意控制时间和流程。季度评估没有一个标准的时长要求,但为了避免它成为冗长的马拉松式的会议,我们建议将总时长设置为不超过 3 个小时。季度评估包括结果陈述、问与答和一般性讨论几个环节。如果你有 10 个团队要陈述他们的 OKR,那么告诉他们每个团队只有 6 分钟进行陈述,如果超过该时间仍没讲完,允许他们适度超时,但在 12 分钟时要坚决打断并结束其陈述,这样可以确保陈述环节的总时长不超过 2 个小时。在陈述时,可以让团队先从他们引以为豪、认为达成得很好的 OKR 开始,这样可以在一开始时就营造起一个良好的氛围。

季度评估会议需要关注的第 2 个主要内容是"怎么做到这个程度的",它要弄清楚是什么最终促成了 OKR 的成功,以及组织执行能力有哪些提升。虽然给 OKR 打分很重要,但真正重要的是要通过广泛的对话交流,深入了解在这个季度到底发生了什么变化。这些分数可以作为引发热烈讨论的起点,让大家挑战传统观点,提出新的假设并验证其假设。根据我们的经验,很多组织苦于开展这类需要坦率和真诚氛围的会议。虽然一些公司能激发大家进行热烈的讨论,让大家畅所欲言,但老套的礼仪规范可能会阻止其他人直言揭露问题。并非只有脏话连篇的争吵才能激发大家的洞察力,相反,大家应相互尊重,尽力避免可能导致伤害他人自尊的言语攻击。最近关于高效团队的研究支持了这一观点,这项研究指出:参与者的心理安全感知是团队成功的重要推动力。为了最大程度地应用你的 OKR 评分数据,你需要仔细思考如何组织这个会议,以确保学习效果最大化。

在接下来几节里,我们会提供一些指导,告诉你如何策划和运作一个季度评估。首先让我们从一个不可小视的后勤保障工作开始谈起。

事先安排好会议

在一项研究中,大学生们被要求在圣诞假期前给出他们准备在假期中完成的项目名称。大家的反馈千差万别,从写一篇重要文章到解决一个家庭冲突,以及从事一项有挑战性的体育运动等。参与者还被问及他们是否已经打定主意在某时某地开始他们的项目。结果发现,假期结束时,那些有"实施意向"的参与者中,也即那些事先准备好在某个时间和地点实施他们项目的参与者中,2/3 的人成功完成了其项目;而那些没有实施意向的人中,只有 1/4 成功完成了项目。[4]数百个后续研究证实了这种效应的存在,它表明:为了让真正的改变发生,我们必须从宏伟抱负转变到具体的行为上来,指明我们何时何地将开始这项工作。

事先安排好评估会议初看上去似乎再平常不过了,算不上什么高明的建议。但我们曾亲眼目睹过一些变革项目(OKR 和其他)胎死腹中,它们的失败并非因为项目本身的致命缺陷,仅仅是因为组织在变革发起后就不闻不问,没有定期的会议来讨论和学习实施过程中的经验教训。在上述的研究中,研究人员故意选择了圣诞节这个时间点,因为他们知道,学生们会遭遇大量可能活动的冲击,例如聚会、购物、同家人共度时光等,这些都会阻碍他们去完成既定目标。同完成重要项目比起来,那些活动显然更诱人。从这个角度看,对大多数公司而言,每天都像是圣诞节,每天都有无数的问题和活动分散了我们的注意力,因此很容易将季度评估会议搁置一旁,转而去处理那些需要立即做出回应的工作。事先安排好评估会议并让它成为一种庄严的承诺,将能为你的团队做出改变清除障碍。

希望我们已经成功说服你在议程中增加季度评估会议,而且永远不要取消它。那么接下来我们一起来看看,还需要关注哪些事情,以最大化你的投入产出比。

管理你的期望

有一次，美国著名的内战摄影师马修·布雷迪（Mathew Brady）准备为尤利西斯 S. 格兰特（Ulysses S. Grant）将军拍摄照片。由于觉得工作室里太昏暗，布雷迪派助手爬到屋顶去打开天窗，结果助手一不小心打碎了天窗玻璃，当时场面十分可怕，旁观者看到两英寸的玻璃从天花板上滑落下来砸落在格兰特周围，犹如匕首一般锋利，每一块都是致命的。当最后一块玻璃掉落地板后，布雷迪赶紧上前查看，他看见格兰特将军依然纹丝不动。幸运的是他没有伤着！格兰特将军十分镇定地抬头看了看天花板上的破洞，然后目光重新回到相机上，就像什么事也没发生一样。[5] 有时，OKR 的结果可能并不像你所期待的那样，这个时候你需要像格兰特一样坚强和果断（也许还有幸运）。始终坚信 OKR 的价值并兑现学习承诺，令人惊讶的结果无外乎两种：比预期好和比预期差，没什么大不了的。

在刚开始应用这套框架时，KR 得分低是完全可能的。在你热衷于实现突破时，你可能对本季度能做到什么的预估过于乐观，设定了一个最终不可能达成的指标。我们非常期望能在周例会或季度中期审视时发现那些不切实际的目标。但即便如此，在季度结束时的结果表现可能依然让人失望。在这种情况下，你应该仔细检查到底发生了什么，从那些未达成预期结果中吸取经验教训。

但如果情况完全相反，你走入了另一个极端，即所有的 OKR 的得分都接近 1.0 分。乍一看，这似乎值得好好庆祝一番。但我们劝你先别急着举杯相庆。这很可能意味着你的指标值设置得太低，而这并不是你所追求的。在这种情况下，1.0 分并不是什么值得庆祝的大事，它意味着我们在未来需要仔细考虑并起草一个更合适的指标。

根据大多数 OKR 践行者的经验，KR 得分的最佳区间是 0.6～0.7 之间。不过，真正重要的并不是这些数值，而是数值所引发的沟通和交流。让我们来看看有哪些方法可以激发大家的讨论热情。

尽可能征求每个人的反馈

你最喜欢皮克斯（Pixar）的哪部电影？《机器人总动员》《海底总动员》还是 2015 年的《头脑特工队》？还有其他很多选项供你选择，每一部都精彩绝伦，一经推出就成为大家追捧的对象，其卓越程度是好莱坞主流工作室所无法企及的。皮克斯非凡的成功可以归因于很多因素：引人注目和耳熟能详的故事，天才的导演和编剧，极具想象的丰富多彩的世界……这些还只是其中的冰山一角，最重要的因素可能是他们极具包容性的工作过程。皮克斯电影在初步完成制作后会在工作室中放映，理论上所有员工，无论其所处的是哪个领域，都可以给电影的制作人发送邮件。皮克斯导演多次将这个征询大家意见以形成电影最终版本的过程，称作是他们成功的关键。[6]我们建议你采用皮克斯类似的做法，在进行结果评估时，把团队所有成员都卷入进来。毕竟，透明公开是使用 OKR 的一大好处。如果只是在管理团队范围内解读季度的达成结果，不光会影响大家对 OKR 项目的支持，还会让你错失一个于你而言最宝贵的潜在资源，即团队的群体智慧。你的目标应该是要让所有员工都有一种 OKR 主人翁的意识，不管他们级别如何，也不管处在哪个部门。达成这个目标的最好方式就是在持续的 OKR 对话交流中征集所有人的意见。

从简单询问开始

组织心理学家（其众多头衔之一）埃德加·沙因（Edgar Schein）曾分享过一个故事。在这个故事中，他只简单地用了一个问题就让他成为了一个公司 CEO 眼中的明星。[7]这名 CEO 当时非常担心他们的企业文化正变得僵化和令人沮丧。他注意到，此前一天他召集了一个员工会议，这个会议要求 15 名高层员工参加，这些员工通常都会坐在会议桌的固定位置。这天只有 5 个员工与会，大家仍然坐在自己习以为常的位置上,让这个偌大的会议室显得稀稀落落。CEO 向沙因哀叹道:"现在你知道我们面临什么问题了吧?"说完,他凝视着沙因,希望能得到他的赞同及支持(也许还希望他能给出一个魔力般的解决方案)。沙因思考了一下当时的形势,然后并没有给这位 CEO 以任何解决方案,而只是简单地问了一个问题:"你做了什么?"这名 CEO 回答说他什么也没做。在说话的那一刻,他脑海中灵机一现,明白了导致公司文化僵化的罪魁祸首是管理团队的不作为。在接下来的几个小时里,他们一起找出了那些他们不作为的场景,以及如何去改变这种情况的办法。在之后的一年里,他们成功实现了文化转型。所有的改变,均缘起于一个谦逊而简单的提问。

有时,你会遇到一些出奇复杂的情形,很难找到相应的解决方案。这个时候,我们总是急于寻求问题的解决办法,毕竟那是大多数明星员工得以晋升的法宝:不管问题有多复杂,通过找出困扰组织的答案去获得晋升。当一个困难出现时,如果负责它的领导保持沉默,就会被误以为是技能不足,从而影响他的个人信誉——也难怪我们总喜欢在会上喋喋不休。但如果问题深层次的原因没有被正确理解,或者影响没有被仔细评估清楚,那么相应的一连串答案可能就会更麻烦。德鲁克曾说过:"最严重的错误,并非由错误的答案造成,真正危险的事,是问错了问题。"[8]

人们总是急于说出业务问题的解决方案,然而这些解决方案却通常无法解决问题。所以在你评估 OKR 结果时,请总是从提问开始,问题越简单越好。你的问题问得越深入,你能暴露的元素也就越多。当问题维度越来越突出后,你就更有可能找到深入的解决方法。

利用 5 why 分析法诊断问题

要激发大家深入思考并有所收获,一个简单的方式就是问为什么。本着过犹不及的精神,我们建议你问 5 遍为什么,这在通常来说已经问得足够深入了，能有效避免流于形式的问题征集，真正找出手头问题的根因。这个方法最初由丰田佐吉（Sakichi Toyoda）提出，并在丰田公司成功应用。现在这个方法出现了很多变种（一些人可能更愿意用3 why），并被用于包括战略透视在内的多种场合。但我们认为它同样可以帮助你在评估OKR时进行问题诊断。

埃里克·莱斯（Eric Ries）在其《精益创业》一书中描述了如何用5 why法帮助开发一个重要的员工培训计划。[9]他的公司拥有一个虚拟现实网站IMVU，用户可以在虚拟空间里同其他计算机虚拟环境或真实用户互动，据说这是世界上最大的3D聊天和装扮社区。该网站在发布的一个新版本中禁掉了一个关键特性后，突然收到了大量用户投诉。很显然，网站的生存严重依赖于活跃且积极的用户，所以要找出究竟发生了什么问题对莱斯和他的团队而言就显得尤为重要，于是他们用了5 why分析法：

- 为什么新版本禁掉了一个关键特性？因为某台服务器宕机了。
- 为什么服务器会宕机？因为某个不为人知的子系统被错误调用了。
- 为什么它会被错误调用？因为调用它的工程师不清楚它的具体用法。
- 为什么工程师不知道该如何正确调用它？因为他没有被培训过。
- 为什么工程师没有被培训？因为他的管理者和团队很忙，管理者认为没有培训的必要。

莱斯和他的团队原本认为技术缺陷仅仅是客户对新功能的不满所致，然而5 why分析结论告诉他们，其假设是错误的。最终弄清楚真相，竟是由于一个人为管理决定所致。这无疑是一个意想不到的结果，给我们以深刻而有益的启示。基于他们的分析结论，IMVU为所有新工程师发起了一项培训。当你遇到一个令人困惑不解的问题、一个很难且没有现成解决方案的问题时，不妨引导你的团队去问 5 次为什么，这很可能会让你找出问题的根因。

从错误中学习

时间回到 1928 年，生物学家亚历山大·弗莱明（Alexander Fleming）着急去度假，于是他忙乱地在实验室里堆放了一大堆脏的培养器皿。回来后大多数器皿都被污染了。弗莱明把这些被污染的器皿逐一丢进一大桶来苏尔（Lysol）消毒液中。但当他来到一个盛有细菌的器皿前时，他犹豫了。这个器皿的绝大部分都被细菌污染了，但有一个霉素块生长的地方除外。这个霉素块周围没有任何细菌，就像是霉素在阻止细菌的生长一样。弗莱明灵光乍现，意识到这可以用于杀死各种各样的细菌。正是由于弗莱明休假期间所犯的那个"失误"，让他发现了青霉素。这是人类今天使用最广的抗生素之一。

今天，有句话在世界各地的运动员中间广为流传，即"一次只做一件事"。这和企业界的高管们挂在嘴边的那句话一样流行，他们常说："我们鼓励大家敢于冒险和从错误中学习。"这句话之所以流行，因为它确实很有用。容忍失败、从错误中学习，有时甚至是从重复的错误中学习是成功的唯一可靠路径。某些看似错得离谱的失误可能预示着一个与众不同的创新，而这正是迅速将你和竞争对手区分开来的关键所在。

领导者应该最后发言

在和世界各地的高管合作的过程中，我们遇到了大量不同的人格特质和领导风格。我们发现，CEO 们都有一个共同点：他们都希望在决策时能充分利用下属的智慧。我们已经记不得，曾多少次 CEO 在召开一个重要的会议前对我们低声说："我准备坐下来听听我的团队成员们怎么说。"

无论他们是否意识到这一点，在发言前先倾听都是一个很好的习惯，这对会议的发展有着重要影响。研究表明，如果领导者一开始就提出了一个想法，大家就会情不自禁地随波逐流，不会再去思考更好的替代方案。[10] 正所谓"上有所好，下必甚焉"。人类天生习惯于跟随高管观点并自觉站队。因此，如果你是领导者，又希望能搜集到整个团队的最佳想法，那么请务必先听后说。团队成员会很感激你对其想法的尊重，你可以仔细权衡他们给你提供的输入，并据此形成你的最终结论。

在季度结束时刷新 OKR

OKR 的创建机制其实很简单。首先是每年年初创建公司层面的 OKR（可能包含年度 OKR 和更偏战术性的季度 OKR），然后下层组织（包括业务单元、团队甚至个人）创建其 OKR 以展示他们对公司整体战略的贡献。也即是说，公司层面的 OKR 为其下层组织进行 OKR 联结提供了重要的上下文信息输入。

在每个季度结束时，需对该季度的 OKR 进行评分，并制定下一个季度的 OKR。有些 OKR 可能会连续几个季度都保持不变，尤其是被标识为对当前战略和运营极为关键的那些 OKR。你也可以继承那些在本季度没有成功达成的 OKR，或者那些具有持续战略意义的 OKR。那些已经完成的 OKR 应当被废弃，用一个全新的 OKR 取而代之，以激发团队成员的潜能，实现最佳交付。图 5-1 给出了一个标准的 OKR 时间轴。

OKR 相关软件

你还记得苹果公司在 2010 年为 iPhone 投放的一则广告标语吗？

"There's an app for that."由于苹果应用市场中的应用程序呈现前所未有的爆炸式增长,这句话快速流行开来,苹果最终将其注册成为公司商标。不出意外的话,也一定有一款 OKR 应用程序存在于苹果应用市场。事实上不止一款,有好多款。不光有应用程序,还有强大而复杂的软件包,据称能提供丰富的数据分析功能,提升员工敬业度并前所未有地促进 OKR 项目的成功。这一节中我们将探讨你何时需考虑购买一款相关软件。在购买之前,我们为你准备了 20 个问题供你参考。

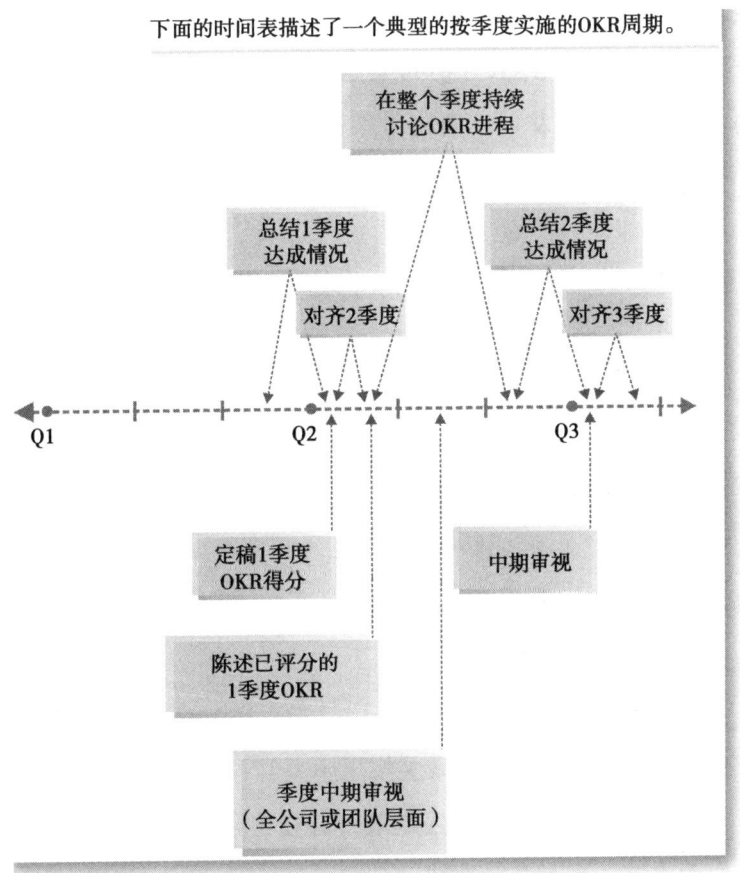

图 5-1　OKR 实施时间表

何时需要一款专门的 OKR 工具

虽然你可以在启动 OKR 项目的同时，推出一款 OKR 软件，但绝大多数公司在刚开始时都是利用的通用软件，比如微软的 Office。如果你是刚开始应用 OKR，我们建议你先别着急，可以在你的团队至少实施完一个 OKR 周期后再考虑引入专用软件。使用你熟悉的软件完成第一个 OKR 周期，可以让你更加专注于学习和理解 OKR 本身，而不是本末倒置地忙于学习新软件。然而从长远来看，为了确保 OKR 的可持续性，很多公司都会感觉确有必要在专用的软件平台上去管理 OKR！

像谷歌和希尔斯控股，均已开发自有的 OKR 系统，用于帮助数千名员工制定和跟踪 OKR。但如果你不是财富 500 强公司，或者没有足够的内部资源去开发自有解决方案时该怎么办？根据我们的经验及同数百名管理者的讨论，我们认为小型组织——也即那些人数少于 100 人的组织，可能更适合使用已有的软件工具，比如 Google Doc、MS Office 等。当你到某一阶段，感觉确有必要用一个更强大的解决方案来管理 OKR 时，应当仔细分析你的需求。这可以帮助你快速缩小搜索范围，找到真正匹配你具体需求的那款软件。

确定你对软件解决方案的需求

在接下来的几节中，我们为你提供了一个简单的分析框架，以帮助你识别对软件解决方案的需求。我们用如下 5 个问题来贯穿这一部分内容：

1. 多少人会使用 OKR 工具？
2. 你希望 OKR 工具设计来主要用于高管、团队还是个人？
3. 你是基于预测性数据，还是最新进展信息来给 OKR 打分？
4. 你希望软件中具备游戏化元素吗？
5. 你的 OKR 解决方案应当以每周为单位进行审视吗？

让我们来逐一解读。

多少人会使用 OKR 工具

同其他任何软件一样,不同的 OKR 软件供应商也是基于组织规模来定位其软件的。我们暂且把市场分为两类:大型组织和中小型组织。人数超过 2 000 人的组织,被我们称作大型组织;人数在 100～2 000 人之间的组织称作中小型组织。

1. 大型组织:一般而言,服务于大型组织的 OKR 供应商,同时也可以服务于中等规模的组织,但通常不会服务特别小的公司,也即人数低于 100 人的那些公司,除非这是基于战略层面的考虑希望争取到这类客户。面向大型组织的软件供应商所提供的软件,旨在服务于成千上万的用户,他们的工程团队也非常积极地寻求在每个平台上都能运行,包括移动手机甚至是智能手表。

2. 中小型组织:瞄准中小企业的软件供应商,通常也会向大型组织的一些部门出售他们的产品,但更愿意和一定规模的组织合作,因为这些供应商本身比较小,他们的软件中可能不会包含大型软件供应商所能提供的那些额外的卖点,但对于财务上比较紧张的小公司而言,他们的软件性价比更高。

你期望 OKR 工具设计来主要用于高管、团队还是个人

软件市场还会基于主要使用的用户群进行细分。每个解决方案都瞄准不同的关键客户群去设计他们的工具。典型的倾向有两种:面向高层领导或面向个人贡献者。软件供应商很容易回答这一问题。一些解决方案很明显是设计来服务于个人贡献者的,而另外一些则明显是面向 CEO 的,还有一些解决方案则是面向团队领导者的。图 5-2 概述了面向 CEO、团队及个人用户之间的主要异同。

为个人贡献者设计的系统,旨在使员工能够在目标上取得可衡量的进展,帮助他们看到某些个人目标是如何同公司的大目标联结起来的，并提升员工的敬业度。而那些主要面向 CEO 设计的软件，可能也会提升员工敬业度，但主要目的是为了降低风险，让 CEO 能基于早期预警信息进行资源分配和尽早采取行动。为团队设计的系统则试图在这两者之间找到一个平衡点。

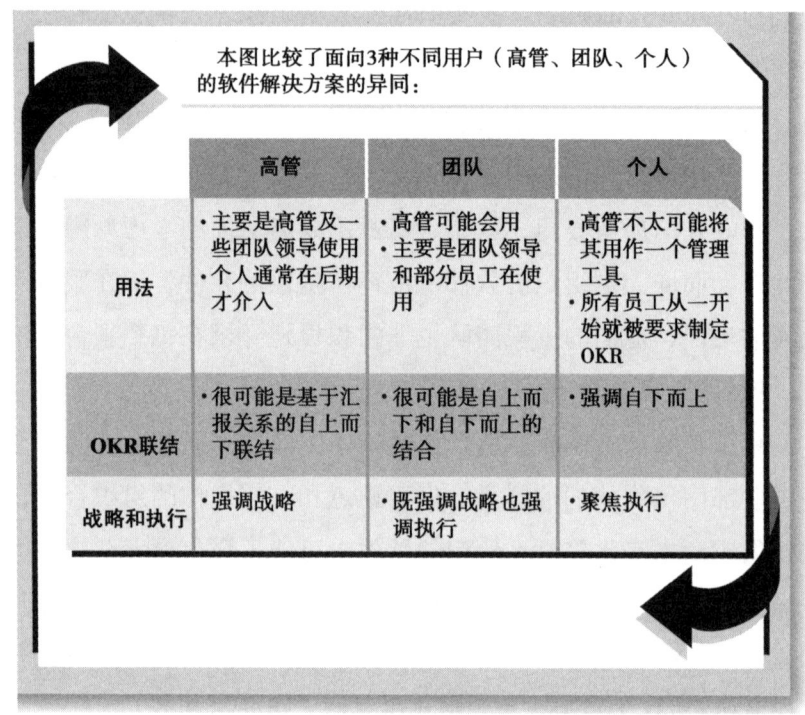

图 5-2　面向不同用户群的 OKR 软件解决方案比较

你是基于预测性数据，还是基于最新进展信息来给 OKR 打分

所有的 OKR 工具最终都需要用户输入数据，以在整个季度期间不断刷新 OKR 状态。但是，当你在 OKR 系统中录入相关的 OKR 进度数据时，你希望得到什么？是最新的进度数据，还是能预测季度末预期结果的预测性数据？

历史数据反映的是过去的成就以及最新进展。例如，如果用户创建的 KR 是要增加 20 名客户，那么当他增加了 10 名客户时，用户可以输入"已完成 50%"到系统（或者输入"已完成 10 名客户"），系统会自动将该输入转换为 50% 的指标进展。

预测性数据反映的是对未来成就水平的最新预测。每次当用户输入数据时，他们都将得到表明其达成目标的预期可能性。历史数据和预测性数据的利弊如图 5-3 的总结所示。

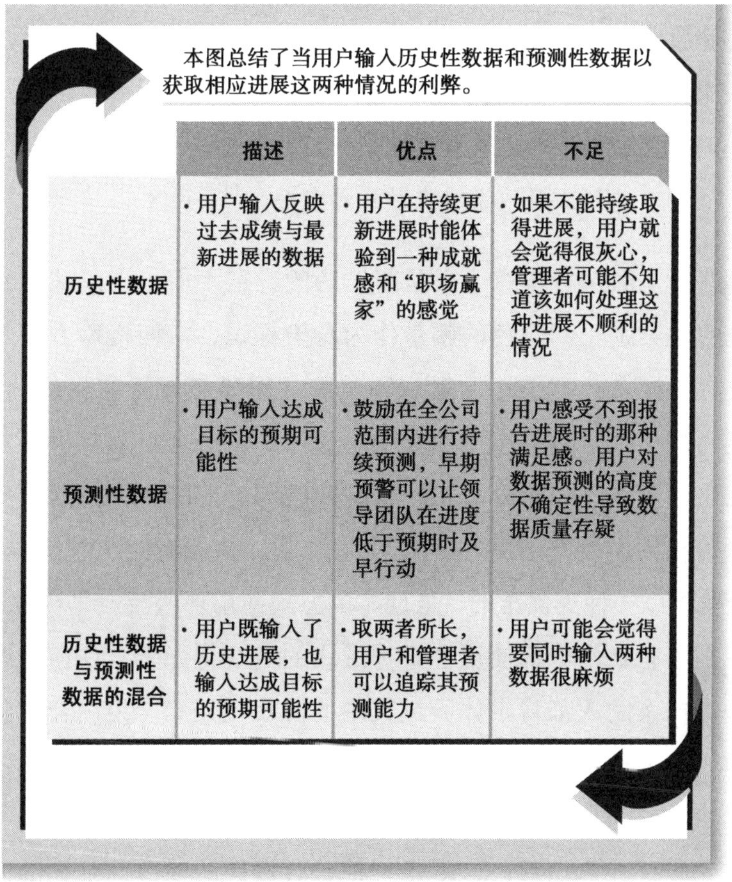

本图总结了当用户输入历史性数据和预测性数据以获取相应进展这两种情况的利弊。

	描述	优点	不足
历史性数据	·用户输入反映过去成绩与最新进展的数据	·用户在持续更新进展时能体验到一种成就感和"职场赢家"的感觉	·如果不能持续取得进展，用户就会觉得很灰心，管理者可能不知道该如何处理这种进展不顺利的情况
预测性数据	·用户输入达成目标的预期可能性	·鼓励在全公司范围内进行持续预测，早期预警可以让领导团队在进度低于预期时及早行动	·用户感受不到报告进展时的那种满足感。用户对数据预测的高度不确定性导致数据质量存疑
历史性数据与预测性数据的混合	·用户既输入了历史进展，也输入达成目标的预期可能性	·取两者所长，用户和管理者可以追踪其预测能力	·用户可能会觉得要同时输入两种数据很麻烦

图 5-3 两种用户输入解决方案优劣势比较

你希望软件中具备游戏化元素吗

游戏化（gamification）通常指的是在一个非游戏环境中，使用游戏机制和奖励机制。游戏化的目标是要提升用户参与度和驱动预期行为。

在全球范围内，游戏很受欢迎，公司高管也不例外。一项研究发现，61% 的受访 CEO、CFO 都表示他们在每天工作间隙都会玩下游戏。[11]

游戏化机制包括但不限于：

- 为用户提供明确的目标让其完成。
- 奖励用户勋章。
- 激发他们相互竞争。
- 鼓励他们开展团队协作。
- 通过不断升级的方式告诉他们当前的状态。
- 让用户能不断赚取游戏点数进行积分。[12]

当然，上面这些没有一个是新发明的。空手道一直以来都会为不同等级的人奖励不同颜色的腰带作为身份标识，六西格玛方法中引入了"带"的概念。童子军的徽章和奖牌在军事领域里有相应的体现。你可能已是一个经常性旅行项目的一份子，旅行项目通常都严重依赖于游戏化元素，比如积分累积、状态升级等。而随着大数据可用性的增强，传统的游戏化方式也正在发生改变，并让游戏化越来越重要，使得企业能以一种更优雅的、低成本的方式使用那些游戏化技术。

几乎所有软件中都使用了某种形式的游戏化元素。任何用过领英建立个人档案的人都肯定体验过其中的游戏化元素。用户会收到一个关于他们个人档案完成百分比的进度条。每当用户完成了一个预期行为，比如上传照片或在个人资料中增加了一项技能，他们都会被奖励一定的完成百分比点数，这就是一种精心设计的简单而强大的游戏化方式。

这种力量非常强大，以至于你总会担心你的个人档案是否完整。我们查看了一下本书作者本的个人档案，发现他是一个"全明星"。虽然圆圈中的其余进展让本感到很困惑，不知道该做些什么才能让整个圆圈都变成蓝色，但这些游戏化元素会不断激励本做更多信息补充。这似乎是使用游戏化技术的一个很好的案例。

虽然我们认为游戏化有不少好处，不过这也见仁见智。一些人可能会认为它会导致分心和引起混乱；另外一些人则可能会寻求更多的游戏化元素，对他们来说，可能还希望领英最好再提供一个可供他们比较自己和他人个人档案的功能。所以，你需要清楚你的公司对游戏化的态度：是热情拥抱，还是将完成一个动作后接受虚拟徽章这种做法视为冒犯？

OKR 领域里的软件供应商游戏化程度各不相同，一些公司仅包含了最小程度的游戏化，而另外一些公司则提供了更广泛的"类游戏"功能。我们研究了几十个这样的解决方案，他们分属如下三种类别中的一种：

- **最小程度游戏化**：这些供应商通常将游戏化视为对注意力的分散。用户可以将其目标完成情况标记为"绿""正常"或"红"这三种状态，红代表的是不正常。这些都是很基础的用户标记，系统通常不会为所取得的进展提供徽章或奖励机制。
- **部分游戏化**：这些供应商将游戏化视为某些情况下有效的战略工具，但建议谨慎使用。这类供应商为用户提供了更多元化的输入选项，用户可以在更多选项中定义其工作进展。他们通过标识用户哪些 KR 最近被更新（或者没被更新），让这种更新状态很容易被他人看见，从而鼓励用户频繁去刷新其 KR，最终从这个层面去实现游戏化，展示用户相关度量项，例如一个 KR 被查阅了多少次。
- **广泛游戏化**：在这种情况下，游戏技术被用于驱动用户行为，诸如制定 KR、更新进度以及奖励高绩效者，积分、徽章和升级全被采用，以驱动目标达成。系统可能会使用自动评分机制对 OKR 进行评分。那些优先级更高或更挑战的目标可能会得到更多积分。

你应当以周为单位跟踪 OKR 吗？

一旦 OKR 被定稿，应该多久评估一次其绩效完成情况呢？按天、按周、按双周、按月度还是任何你觉得有必要的时候？你想让你的团队在他们认为合适的周期经常性地评估其进展，还是要求每个团队每周都必须更新一次他们的 OKR 进展？

一些 OKR 解决方案完全忽视这个问题，而另外一些解决方案则强调以周为单位开展，后者主要受状态报告和团队周例会的启发。还有一些解决方案鼓励频繁刷新进展，但并未设定一个固定周期。如果你正在选型 OKR 系统，我们建议你应首先想想你们是否需要在公司范围内按固定周期进行进展评估。那些较少关注评估节奏的软件，不鼓励用户按固定周期更新目标完成情况。在这类软件中，用户如果希望接收每周进展更新提醒，必须显性地去勾选一个确认框。而那些固定以周为单位跟踪的系统则要求所有用户每周都必须更新 OKR 状态。这类软件通常会以图表的方式，周复一周地以可视化的方式向用户呈现目标完成进展。

一旦你周全地考虑了你的需求，就可以电话联系供应商安排产品演示，他们很愿意进行演示。不过建议你在演示之前先准备个问题清单，以便你能够控制这次交流。毕竟，这是你的钱。

关于 OKR 软件的 20 问

虽然我们建议你从员工熟悉的简单工具开始，比如 MS Office，但在某个时刻，你可能希望有一款专用的软件工具。随着 OKR 在全球大大小小的公司快速传播，出现了几十个管理 OKR 的复杂的解决方案。

在拥有至少一个周期的 OKR 经验，并编制好对潜在 OKR 平台的需求清单之后，现在你还需要准备一些关键问题列表，以便在供应商演示其系统时逐一咨询。在 OKR 软件用户、供应商及潜在买家的帮助下，我们创建了如下问题清单供你参考：

1. 软件是否支持自下而上制定 OKR，以及自上而下联结 OKR？

2. OKR 是否支持跨团队横向对齐？是否能识别跨团队依赖？或者说，OKR 是否只能在系统中同其上层 OKR 进行联结？

3. 系统是否允许你可视化地看到 OKR 是如何联结的？

4. 系统是否包含了一些社交属性，允许同事们对不属于他们管理的 OKR 进行评论？

5. 你的 OKR 部署对员工是可选的还是必选？或者说软件协议是否指定要求所有员工都必须购买一个许可证？

6. 你能从移动端接入并更新 OKR 吗？

7. 系统是如何鼓励用户定义并更新 KR 评分的？

8. 可以一键生成总结报告，详细列出一个团队或个人 OKR 的进展以用于绩效评估会议吗？

9. 工具是否包含一个仪表盘，以用于在董事会上介绍和总结 OKR 进展？

10. OKR 软件允许用户为 KR 输入任何信息吗？或者说，是否有一些技术以确保 KR 是可衡量的并有一个预先设定的时间表？

11. 软件供应商可提供什么样的 OKR 辅导和支持？

12. 软件是否支持 5 种类型的 KR（如基线度量型、正向度量型、负向度量型、范围型、以及里程碑型）？

13. 系统是否有草稿模式，以允许用户输入他们的 OKR 草稿，但在定稿前不让它们对外可见？

14. 系统是否支持用户单点登录（SSO），还是需要用户必须记住密码才能登录？

15. 对其他系统数据的集成支持：能否从其他系统诸如 CRM（如 salesforce.com）、总账系统（如 Oracle 财务系统）、商业智能工具（如 Information Builder）自动提取标准度量数据？

16. 是否能很方便地添加/删除一名员工？是否需要供应商的技术支持才能实现这点？

17. 系统是否会保持对上一周期 OKR 的跟踪，这样用户就能回过头来比较当前 OKR 和上一周期 OKR？

18. 系统需要用户录入什么类型的信息或度量数据？是历史最新进展数据，还是预测性数据，抑或两者？

19. 系统是否允许员工个人手动指定一个 KR 的标准状态，如"正常"用绿色表示，"滞后"用红色表示，或者软件系统会自动标出 KR 的这些状态。

20. 软件提供了哪些游戏化元素？

注释

1. Portions of this section are based on material in Christina Wodtke, *Radical Focus: Achieving Your Most Important Goals with Objectives and Key Results* (cwodtke.com, 2016).
2. Michael E. Raynor, *The Strategy Paradox* (New York: Doubleday, 2007).
3. Jack B. Soll, Katherine L. Milkman, and John W. Payne, "Outsmart Your Own Biases," *Harvard Business Review* (May 2015).
4. Peter M. Gollwitzer, "Implementation Intentions: Strong Effects of Simple Plans," *American Psychologist* (1999).
5. Ryan Holiday, *The Obstacle Is the Way: The Timeless Art of Turning Trials into Triumph* (New York: Portfolio, 2014).

6. Ed Catmull and Amy Wallace, *Creativity Inc.: Overcoming the Unseen Forces That Stand in the Way of True Inspiration* (New York: Random House, 2014).
7. Edgar H. Schein, *Humble Inquiry: The Gentle Art of Asking Instead of Telling* (San Francisco: Berrett-Koehler, 2013).
8. Quoted in Robert Simons, "Stress Test Your Strategy," *Harvard Business Review* (November 2010).
9. Eric Ries, *The Lean Startup: How Today's Entrepreneurs Use Continuous Innovation to Create Radically Successful Businesses* (New York: Crown Business, 2011).
10. Steve J. Martin, Noah Goldstein, and Robert Cialdini, *The Small Big: Small Changes That Spark Big Influence* (New York: Grand Central Publishing, 2014).
11. Jane McGonigal: *Reality Is Broken: Why Games Make Us Better and How They Can Change the World* (New York: Penguin, 2011).
12. Rajat Paharia, *Loyalty 3.0: How to Revolutionize Customer and Employee Engagement with Big Data and Gamification* (New York: McGraw-Hill, 2013).

第 6 章

让 OKR 可持续

别把 OKR 当成是一次性项目

当提到"项目"这个词时,你脑海里会想到什么?是否是某个利用人力资源和财务资源,在确定的开始时间开始,有确定范围并在预期日期结束的事项?在企业界,项目(有时称作提案)包括所有这些特征,在日常工作中司空见惯。

OKR 具备项目的很多特质。但有一个例外,即 OKR 没有"预期结束日期"。OKR 必须在某天开始,需使用到人力资源和财务资源,实施过程也会被仔细规划,然而,你不应该给 OKR 设定一个终结日期。OKR 应该深深植入你的企业文化中,成为你持续经营业务的一种方式。

OKR 永远不会结束,因为你的业务永远不会终结。你能在某个时刻很自信地宣布你成功了吗?在某一天你能永远把竞争对手甩在身后,实现对市场的绝对统治,并绝对地超越所有最疯狂客户的期望吗?当然不能!因为你所处的环境在不断发生变化,诸如整体经济状况和政治形势等宏观因素也会影响你的决策和业绩的达成。更进一步说,竞争效应、你对核心流程的掌控能力、对合适人才的吸引、利用最新技术的能力以及其他一系列问题都可能迫使你不断调整你的战略。危险时有发生，挑战无处不在，而这个过程就是OKR！由于环境不可避免地会改变，你的OKR也必须做出相应改变以反映不断变化的外部现实，为员工提供一个指南针。不管外部环境如何不确定，你应该始终确保每个人都专注在最重要的目标上，推动业务不断前进。有人曾问过英国著名剧作家、长/短篇小说家萨默塞特·毛姆（Somerset Maugham）是按计划写作，还是受灵感驱动？毛姆回答说："我只在灵感来时才会动手写作，不过很幸运，这个灵感每天早上9:00都会准时到来。"[1]这是一个很典型的例子，它说明只有信守承诺，遵循一定的纪律才能把事情做好。OKR也是如此，制定OKR本已是一件很困难的事，当组织没有目标制定经验时更是如此，确保OKR在全公司范围内对齐也极具挑战，但也许最困难的是要找到持续的动力和适度的激情，让大家在面对剧烈震荡的现代商业环境时，能日复一日、周复一周、季复一季地持续使用OKR。每个OKR周期都会增强你的学习和洞察能力。如果你能始终如一地严格实施这一过程，变革的转轮会越转越快，你成功几率也会越来越大。所以，请坚持下去！

谁应该负责推进OKR

希望前面一节的介绍能让你确信一点：OKR不应被当作一个临时项目，而应被嵌入你的文化结构中去。要做到这一点，一种方式是指派一些关键责任人来负责，下面将对此展开讨论。

在第2章中，我们认为高管的赞助对任何变革提案而言都是绝对必要的，包括OKR。所以，在OKR推进过程中，高层赞助人是第一重要的角色。理想情况下，应该由CEO来承担这个责任，但在他缺席的情况下，由最高管理层的任一成员负责也是OK的。最重要的是要有一个高层管理人员愿意从一开始就声援和支持OKR的实施。当后续暂时搁浅、大家动力缺乏和质疑不断时，他能始终如一地支持项目的推进，并最终带领大家成功到达目的地，将OKR深深植入公司的管理实践中。

无论变革提案的性质如何，作为赞助人的高管都需要一个合作伙伴。我们称这个人为OKR斗士（OKR champion），这名斗士在OKR实施的最前沿同利益干系人一起工作，如有必要的话他要负责同咨询顾问联系，并提供后勤支持。也许OKR斗士最重要的作用是作为公司内部的OKR专家，无论团队成员在OKR理念还是实践方面有疑问，OKR斗士都是他们的第一求助对象。OKR斗士这个角色是OKR成功不可或缺的重要人物。具有OKR背景的人当然是很不错的后备人选，但我们认为更重要的是这个人要对OKR充满热情，也即那些能立即抓住OKR本质，并渴望和其他同事分享的人。OKR斗士通常是那些具备卓越沟通技能，在组织中享有很好声誉的中层管理者。在OKR创建和评分期间，OKR斗士大概有3~5周要投入50%以上的时间在上面。具体多少时间取决于公司如何定位这个角色，也有可能每周只花几个小时。

最后一个你需要考虑的问题是，把OKR流程安放在何处？是置于财务、HR、战略还是运营职能之下？我们发现，各个公司在这方面做法不一。有些公司将其置于财务职能中，这些公司的财务部通常是组织的汇报中枢；另一些公司则将OKR置于战略地图中，挂在哪个职能部门下与OKR本身所体现的原则关系不大。尽管如此，我们仍应避免大家将OKR视作某一特定部门在向其他部门强制推行的某个项目。最不希望听到有人说"OKR是人力资源自己的事"或"OKR是财务部硬塞给我们的"。虽然某个部门会作为OKR监护人的角色存在，但组织中所有人对OKR的价值应当达成共识。你只是找了一个相信OKR优势，愿意支持、推动并宣传这个工具的高管所在部门来挂靠OKR。

OKR 与绩效评估

OKR之父安迪·格鲁夫在他的《高产出管理》(High Output Management)一书中，用了一整章来讲述绩效评价这个话题。[2] 他首先向他的管理人员们提出了一个基本问题：想象一下你正作为主管在对下属进行绩效评估，你此时的想法是什么？得到的回复主要有：愤怒、紧张、愧疚、不适、难堪和沮丧。接下来他让他们回想一下自己作为下属所受到的评价有没有什么问题，他们很快就说出了一大堆，包括：评论太泛、信息混杂、没有指出如何改进，以及只考虑了近期工作成果等。

根据我们的经验，绩效评价在几乎所有公司都是一个让人反感的话题。一方面，公司不管大小都需要开展绩效评价；另一方面，德勤（Deloitte）最近的一项调查表明，58%的管理者认为绩效评价既无法激发员工积极性，也无法提高员工业绩。[3] 下面列出了针对绩效评价的一些批评意见，绝大多数是共性的，但有一条和OKR直接相关：

❏ **绩效评价只关注过去**：大多数评价几乎完全关注过去目标的达成情况。当员工和主管坐下来一起讨论目标达成情况时，这些目标已经陈旧过时了。事实上，绩效表现不是一个年度性事件，它会随时波动；这取决于你所处行业的变化速度，你需要据此做出相应调整。绩效评价应该反映业务的这种动态变化特点。

❏ **评价易受偏见的影响**：当我们和主管一起回顾我们的绩效时，对双方而言都更像是一种主观情感交流。不知不觉中大家都会带入一些无意识偏见，让交流氛围变得更紧张。被评估者可能会陷入一种"虚幻的优越感⊖"偏见,翻译过来就是:我们所有人都认为自己在平均水平之上。但当我们被评价时,无疑会收到一些批评意见,这让我们的自我优越感受到严重挑战,从而感受到挫败和隔阂。而另一方面,评估者也容易受"类己效应"或"特殊评分者效应⊖"的影响。它指的是当评价者在评价诸如"潜力"这类特质时,不是真正地客观评价你是谁,而是根据你同评估人的相似程度,包括评估人对潜力的定义,他们认为你具备多少这样的潜能,他们对评分等级难易程度的主观判断等。研究表明,评估中多达 61% 的成分是评估者的自我映射,而非被评估人的客观反映。⁴ 当格鲁夫听到下属对绩效评估的回答是诸如"挫败""愤怒""焦虑"这样的形容词时,他一点也不吃惊。

❑ **绩效评价是在浪费时间**:德勤做过一个绩效评价有效性分析,发现他们每年在绩效评价上花费了 200 万个小时,而且这还不包括向员工提供快速反馈和学习的一对一沟通的时间,而主要包含的是官僚化动作如填表格、开会以及确定评级等。没有任何组织愿意将大量时间浪费在文档的准备上,而忽略员工真正需要和渴望的绩效反馈。

❑ **评价同 OKR 绑定后,会成为其沉重负担**:我们已经说过,OKR 主要用来提升组织能力,激发员工实现最佳交付。将 OKR 和绩效评价挂钩,严重削弱了 OKR 这一潜能的发挥。这是人之常

⊖ 心理学的专有名词,意即高估自己,低估他人的现象。心理学研究发现:96% 的癌症病人,认为自己比其他癌症病人健康;93% 的司机,认为自己的安全意识高于普通司机;90% 的学生,认为自己的智力在平均水平之上;94% 的教授,认为自己的教学水平高于学校的平均水平。——译者注

⊖ 研究者在曼纽尔·伦敦(Manuel London)编纂的《组织中人如何评估他人》(*How People Evaluate Others in Organizations*)一书中得出结论:"打分针对的是被评价者的工作表现,这似乎显而易见;但实际上,与被评价者相比,打分更能揭示评价者的信息,研究者将这一现象称为'特殊评分者效应'。"原文参见《哈佛商业评论》2015 年 4 月《重构绩效管理》(*Reinventing Performance Management*)。——译者注

情。如果你知道你的下一个工作是一个报酬丰厚的项目，奖金或晋升等取决于你达成 OKR 指标的能力，你会降低你目标的挑战性，以避免不必要的风险。谁都会这样做！我们并不是要质疑你和你团队的诚信。这是一种很自然的自我保护现象。即便是某些大胆的人在制定 OKR 时冒着风险设定了很高的目标，过程中也确实付出了巨大努力，但最终如果没能达成目标，在绩效评估和 OKR 绑定的情况下，他们的绩效评价结果将因此受到牵连，这样他们下次就再也不敢设定更高目标去挑战自我了。因此，我们合作过的大多数组织，都没有正式地把 OKR 和绩效评价挂钩。

虽然绩效评价过程饱受诟病，并且很多备受瞩目的大公司，包括埃森哲（Accenture）、Adobe 和前面提到的德勤，都逐步废除了绩效评估，取而代之以那些能为员工提供频繁反馈的工具。[5] 这里我们并不是要完全贬低绩效评价的作用。事实上，绩效评价并非一无是处，如果能勤勉尽责地实施，绩效评价无论对评价者还是被评价者都是一件很有价值的事。安迪·格鲁夫非常认同这一点，他说："事实上，这是主管能为员工提供的与任务相关的最重要的反馈了。"[6] 只是，基于当前劳动力现状和商业环境，这种绩效评价方式可能已经过时了。

OKR 是一种更好的替代形式，已引领很多领先的公司从过时的年度评估转变到实时跟踪和辅导上来，以持续塑造员工行为。与其在年底做一次官僚式的表扬或批评，更多组织鼓励在员工和主管之间开展更频繁的反馈。通过持续对话加快员工能力发展，最大限度地减少因绩效不佳而产生的负面影响。以季度为周期开展 OKR 的做法，完美适配了这种评估节奏，允许管理者定期评估员工绩效，并提供更及时的反馈。此外，当前剧烈变化的劳动力结构也支持这种演变，79% 的千禧一代声称希望他们的直接上司以教练或导师的角色出现。[7]

即使你的公司非常开明，在管理者和员工之间有很频繁的一对一交流，我们也不建议你将 OKR 同绩效评价流程关联在一起。绩效评价的沉重负担致使大家不敢设定挑战目标，这种负面效应抵消了用 OKR 来判断绩效所能带来的好处。但是，由于 OKR 的操作节奏更频繁，并且代表的是对公司而言最重要的那些事，它应该成为主管和员工间一对一沟通的利器。德鲁克曾经建议员工给上司写信，他称之为"给管理者的一封信"。在信中，员工首先要列出他所认为的上司的目标是什么，以及自己的目标是什么；然后，还要说明自己所负责的目标的绩效标准；接下来还要说明他需要做哪些事情才能取得这样的绩效，并列出这个过程中可能遇到哪些困难。信中还应给出一个清单，说明公司可以做哪些事情以帮助他取得成功，以及当前哪些地方阻碍了他目标的达成。最后，他还需要简要说明第二年要做哪些事才能达成目标。如果上司接受了这封信，它就会成为下属未来的行动纲领。[8]

我们可以借鉴德鲁克"给管理者的一封信"中的精髓，列出一些可以用来跟进你的绩效达成情况（虽然不是直接挂钩）的条目。我们以问题的形式列出了员工应当在评估前或评估过程中回答的那些问题：

- 公司的 OKR 是什么？这个问题用以确保员工知道并真正理解组织 OKR 的精髓。
- 你对哪条 KR 的贡献最大？你是如何做的？
- 你帮助制定了你团队的哪些 OKR？
- 你对你团队的哪些 OKR 产生了贡献？你是如何贡献的？
- 你是如何将你从上一季度 OKR 中学到的知识应用于该季度的？

如果你在定期召开状态评估会议并频繁评估结果完成情况，那么编制上面这些问题的回答对员工而言就不应该是一种负担，而且从长远来看，这样做有利于促进绩效达成上富有成效的对话。

OKR 与激励

让我们来问你一个比较基础一点的问题：你为什么要工作？是为了挑战自我，破解那些不可思议的难题？还是为了赚取一份公平的薪酬？或通过完成事先协商好的目标而得到一份现金奖励？当然，这样做并不意味着你就是一个坏人。毕竟，你也要维持生计，要存钱退休和供孩子上学。

这里所讲到的，实质上就是激烈探讨了几十年的话题：内在动机与外在动机。内在动机追求的是活动本身所固有的乐趣，能产生满足和自豪感；而在外在动机驱动时，参与一项任务是为了获取事先承诺的报酬，关注的重点是要做什么才能成功。很多关于这一主题的专业研究表明，外在（基于激励的）奖励会削弱内在动机，从而降低绩效表现。

作家丹尼尔·平克（Daniel Pink）在他的畅销书《驱动力》（*Drive*）中支持了这一理论。他指出，使用物质激励会带来一系列潜在不良后果，包括减弱内在动机、降低绩效、鼓励不道德行为、减少创造力，助长短视思维。[9]

外在激励对于那些需要创造力和创新性努力的领域的负面影响尤其巨大，而创造力和创新正是每个企业所赖以生存的基石。那么，既然这么多证据都表明了外在激励的负作用，它实际上有多流行呢？事实上，外在激励在企业界非常之流行。在最近一项关于薪酬激励实践的研究中，99%的受访企业均报告说使用了某种形式的短期激励计划来奖励员工。[10]

把激励同 OKR 关联的利弊分析

作为领导者，你使用 OKR 是希望它能帮助你在最重要的事情上更聚焦和一致。现在你面临一个重要抉择：尽管已经有很多关于动机的研究给出了它们的发现，你应该将激励同 KR 指标的达成挂钩吗？下面我们针对这两种选择做利弊对比分析。我们先来看看这样做有哪些好处：

- **激光般精准聚焦目标**：这是把奖励计划同 OKR 关联在一起所能带来的最显而易见的一个好处。如果你的激励足够诱人的话，可以让每个激励覆盖对象不只是简单地知道你的 OKR，还能让他们如痴如醉地去达成这个 OKR。
- **荣誉感知更公平**：研究表明，如果受裁员影响的员工理解对他们的决定是公平的，他们就不太可能持有诸如愤怒和挫败这样的负面情绪。[11] 公平是我们生活中所坚持和依赖的一个美德，从我们孩提时同玩伴一起荡秋千起，到进入企业后在会议室中理解一个战略决策的做出，概莫能外。生活在一个不公平的环境中，会影响人们的皮质醇水平、健康状况甚至是他们的寿命。例如，如果你的公司宣扬团队合作，员工在实施 OKR 时也感受到了团队协作的压力，然而所有的物质激励却都是基于利润完成情况做出的，那么你可以确定的是，这对每个受影响的人来说，可能就是一个不公平的信号，会导致挫败、失望，在 OKR 上以及组织中的低敬业度。如果你把 OKR 同激励挂钩，在员工看来就是多劳多得，少劳少得，其自发努力程度和潜在奖励相当一致，从而感觉更公平。
- **简单**：通过将 OKR 和激励挂钩，你在战略执行和高绩效所能带来的物质激励之间划了一条清晰的线，大家不用再猜测，每个人都明白他必须完成什么才能得到一份奖励。

现在再让我们来看看激励的另一面，将激励和 OKR 挂钩会带来哪些弊端：

- **沉重包袱**：将激励同OKR挂钩所带来的最大风险，是员工甚至是明星员工会通过讨价还价以谋求制定一个轻而易举就能达成的目标，从而获得相应回报。由于他们所制定的目标过于简单，组织将因此蒙受巨大损失。讽刺的是，激励是把双刃剑，一方面它让员工觉得更公平，另一方面又让其成为我们这里所说的沉重包袱。如果员工认为同事表现一般但却得到了丰厚的奖励，那他肯定会觉得这不公平。

- **降低了主动承担更多长远工作的可能性**：来考虑一种情况，一个销售代表的OKR完全专注于交易关闭情况和所产生的收入，他可能在某个时候发现他的团队缺乏某一销售技能。这个时候，他会从他原本计划会见客户以销售其产品的时间中抽出部分来制定一个要在很久之后才能产生结果的培训计划吗？当然这得因人而异，不过他很可能不会这么做！为什么？原因很简单，牺牲本职工作的时间去做其他事可能会减少他的当期奖金。培训对公司和团队的持续成功而言固然至关重要，但由于OKR和激励间的联结关注的是当期结果，因而他没有采取长期行动的动机。

- **可能与当前的商业现实不匹配**：我们早前说过，外在激励对那些需要创造性和创新性的任务尤其有害。斯坦福大学教授杰弗瑞·普费弗（Jeffrey Pfeffer）和罗伯特·萨顿（Robert Sutton）一致认为，当工作复杂且需要多人协作时，激励被证明是无效的。[12]当前，很多组织正兴起一种项目型团队：即因某个具体的业务问题而组建，一旦问题解决就解散的团队。随着组织不断调整其组织阵形，激励将有损于这种新型组织转型的运作，而非促进。

案例研究及客户经验

从专业角度看，OKR 仍属一个相对较新的领域。因而，现在暂时没有确切的研究能证实某一行动方案在所有场景下都完全可行。然而，关于激励和结果挂钩这个话题，确实有研究文献确凿无疑地告诉你千万别这么做。我们会在第 7 章分享一些公司案例，几乎所有这些公司都避免在激励和结果之间产生直接关联，这和我们合作过的全球绝大多数其他公司的做法是一样的。话虽如此，我们还是不能就此妄下论断：你不应该在你的公司进行这种绑定。老话说得对：每个公司情况各不相同，在其他公司不适用的，可能特别适合你的企业文化和商业实践。所以，最终还得你来拍板。

根据我们的客户经验，确有一些公司会拨付一小部分员工奖励（通常介于 10%~20% 之间），用以激励那些更愿意使用 OKR 的人。例如，一个员工最初不愿意参与到 OKR 项目中，但后来成了一名 OKR 斗士，并经常在团队会议上分享 OKR 实施进展，这名员工可能会获得该奖金的全部可自由支配部分。相反，如果一名员工已经被要求不要创建过多 KR 后，仍然创建了多达 20 条的 KR，大大超出了限定值，这显然不符合 OKR 精神，那么他就可能得不到这部分奖励。

如果你觉得在 OKR 和激励之间建立关联是合适的，并决定在你的公司建立这种关联关系，那么请考虑一下引入时机。虽然你可能急于统一薪酬与绩效及 OKR 间的关系，但正如其他任何变革一样，这有一个学习和接受过程，中间一定会出现不少问题。你一定希望在引入这套框架的早期阶段就发现并解决这些问题。我们建议你先通过几个 OKR 周期来理顺过程中可能出现的问题，然后再尝试在 OKR 和结果间建立关联关系。

你的公司肯定有某种形式的激励机制，同绩效评价一节一样，我们建议你在讨论会上知会员工你为他们分配的任何现金激励。

激励的内容不仅包括OKR完成的百分比，还包括对应的OKR难度。当然，这中间主观判断是难以避免的，但至少通过这种在OKR和激励之间的"松耦合"关系，你履行了你对激励计划的承诺，并向员工表明这是他们成功中不可或缺的一部分。

OKR十大关键注意事项

在本书中，我们已经尽最大努力为你提供了一个综合性指导，概述了要成功实施OKR需要做哪些事情。如果你的组织遵从了这些建议，就可以少走很多弯路。考虑到你可能还会遇到其他一些问题，我们觉得有必要在你正式实施OKR前再讨论一下这些经常出现的问题，以充分引起你的关注。我们列出了10大关键注意事项，并按OKR开展时间顺序将其分成三部分：制定OKR前、制定OKR中和制定OKR后。

制定OKR前应注意的关键事项

1. 帮助大家理解为什么你们要实施OKR

我们已经在第2章中讨论过这个问题，但因为我们曾无数次亲眼目睹了OKR项目在没有令人信服的理由指导时所出现的负面效应，所以我们认为仍有必要把它放在10大关键问题之首，以再次引起你的重视。

OKR最初流行于硅谷，随后风行于全球。随着这套框架的普及，大大小小的公司在认识到了它所带来的巨大收益后，都竞相采用。但在你开启这段旅程前，你必须弄明白：为什么OKR会在这个时刻特别适合你的组织？青霉素无疑是个好东西，但也只有在我们明白了它对健康的巨大好处后才会主动去使用它。OKR 也是一样，这个工具本身是很棒的，谁会怀疑制定挑战目标去促进专注和保持一致这件事情的价值呢？但具体到你身上，你必须要知道你为什么要使用它，然后才可能从中受益。

随着智能手机、智能手表和运动手环的渐次兴起和应用，今天的员工淹没在各种数据和刺激之中。为了将有用信号同噪音分开，需要一个过滤器来进行过滤，以确定哪些信息应该进入你的认知区域，哪些应该被拒之门外！作为领导者，你有责任去过滤无用信号，清楚地阐明为什么 OKR 是增强你们当前业务的合适工具。没有一个清晰的理由支持，OKR 的命运岌岌可危，只会成为另一个"昙花一现""一切都将过去"的变革提案，员工并不会真正重视它。

2. 得到高管的赞助

关于这话题的更详细描述，请参见第 2 章，我们在那里还给出了如何成功影响高管以获得赞助的一些建议。在你开始实施 OKR 前，请再仔细评估一下你是否得到了必要的高管支持。

我们已经说过，OKR 不是一次性项目，而是一个动态和持续的管理方法，用以帮助你迎接各种业务变革的挑战。OKR 的实施包含多个阶段，首先是制定高层组织的（具体到哪一层取决于你的实施计划）OKR，然后要在组织范围内将所有团队的 OKR 联结起来，同公司最高层级组织的 OKR 对齐一致，接下来还要建立一个固定的汇报节奏确保其成为组织运营心跳的一部分……沿着这条线一路走下去，你可以设计一种巧妙的激励机制，将绩效评价、激励、预算及其他业务运营所固有的关键流程整合在一起。贯穿所有这些不同事件的一条主线是高管的支持。如果没有一个热情的高管在关键时刻挺身而出，所有的努力很快就会变成泡影。当矛盾氛围笼罩时，仅有微不足道的支持是不够的。还是那句话：没有什么比一个精明的、尽职尽责的高管来领导这个变革更加重要的事了。

3. 提供OKR培训

OKR新手经常问我们的一个问题是："OKR和其他绩效管理工具间有何差异？"不同之处很多！但我们认为它的首要不同在于OKR框架相对更简单，也更易于理解。但简单不等于简单化，简单指的是它的概念很容易被掌握，这是OKR能给我们带来的关键好处之一，也是OKR在具体实施时的一个巨大优势。

相对简单是一把双刃剑。一些组织在了解到这个话题后，认为OKR非常直截了当，不需要进行任何培训，员工可以很快使用该工具来管理他们的业务。这就好比他们认为管理人员从一开始就能神奇地知道如何制定一个好的OKR那样。也许，一小部分人确实不需要任何OKR培训，他们可能之前使用过，或者天生具备超群的思辨能力，能直观地知道该如何有效沟通，确保每个人都在朝团队期望的方向前进。但问题是大多数人都是初次接触OKR，并不知道该如何使用它，因此，我们建议你在制定OKR前，先对员工进行一些基本原理培训。这样做有很多好处。实际上，这让员工的认知被拉齐到同一水平上，让大家对OKR的理解达成共识。培训也相当于播下了一颗种子，会让OKR更加灿烂地绽放，帮助大家更有效地、深思熟虑地、战略性地去制定出自己的OKR。

4. 确保存在一个清晰的战略

我们之前曾提到，全球高管都十分注重战略执行。在那里我们引用了一组调查数据：对400名领导者的调查结果表明，战略执行在他们所列的80个重要事项中位列榜首。在这里我们假定战略执行对你而言同样重要，这就默认你首先得存在一个相应的战略。毕竟，没有战略，何谈战略执行？

然而，令人遗憾的是，很多组织并没有一个真正的战略。在CEO

脑海里可能会浮现出一些想法，或者在大厅里优雅地张贴着公司的核心价值观，但那并非战略。战略意味着对基本业务重点的清晰表达和传递。比如我们的客户是谁（目标市场），我们销售什么（核心产品），以及客户为什么要购买我们的产品或服务（价值主张）。

在没有战略的情况下制定的 OKR，最多只能算做是对 OKR 模型的肤浅模仿。在制定 OKR 前先制定战略的一个好处是，可以为 OKR 创建提供上下文支撑。战略提供了一个透镜，透过它可以在公司范围内自上而下地判断每个 Objective 和 KR 是否合适。如果一个 OKR 偏离战略执行太远，那么即使它在短期内能快速提升运营效率，从长远来看也不会带来可持续的成功。

制定 OKR 时应注意的关键事项

5. Objective 应定性而非定量

我们把这作为制定 OKR 时应注意的第一事项，因为这是 OKR 的一个基本属性。柏拉图说："凡事开头最重要。"OKR 也一样。好的开始等于成功的一半，因此你必须首先掌握 OKR 的基本原理。其中一个就是 Objective 应当鼓舞人心，且应是定性描述。Objective 旨在充分激发团队，引起他们共鸣，推动他们到达一个新的高度。数字信息应该出现在 KR 中。在那里，我们用它来衡量 Objective 是否成功。如果你无视这种区分，从一开始就创建了一个基本可以自我衡量的 Objective，你会造成大家理解上的混乱，大大影响 OKR 成功实施的可能性。

6. 避免所有 OKR 都是自上而下制定的

OKR 新手通常会犯这个错误：简单地拷贝公司的 KR 作为他自己的 Objective。这在一些特殊场合下可能是合适的，但在大多数情况下，OKR 应该是自下而上与自上而下两种形式并存。如果你正在负责一个部门或一个业务单元，你的OKR应当联结到你的上层组织，同它们保持一致。但你的OKR应当体现出你对它们的独特贡献，复制粘贴OKR阻碍了创造力的发挥，本质上大大降低了在组织内真正对齐OKR的可能性。

7. 解决KR上出现的一系列问题

制定KR时经常出现如下一些问题：

- **条数过多**：有一则关于马克·吐温（Mark Twain）的轶事。马克·吐温给他的朋友写了一封长信，信的开头这样说："我本准备给你写一封短信，但这太难了，所以我就写了一封长的。"当我们写KR时，我们可能也会像马克·吐温那样。我们希望将KR设定为很少的几条，但这通常太难了，于是最终变成了把我们想到的每一个度量项都加进去。很显然这和OKR精神是完全相悖的，OKR强调把精力聚焦在能决定成败的少数几个关键指标上。
- **质量差**：这主要指的是OKR定义得不清楚，难以理解和采取行动。有一种快速检测方法：如果你在一条KR中发现多于一个缩略词，可能就意味着你需要重新考虑这条KR了。
- **KR全是里程碑类型**：在OKR的几种类型中，里程碑型KR也是有价值的，不过如果你所有的KR全是里程碑类型，没有任何指标可以帮助你进行KR评分，那么你就违背了OKR流程的初衷，KR强调结果而非任务。

8. 使用一致的评分系统

我们曾向你推荐过一个包含四个评分等级的简单评分系统，这四个评分等级分别是：0，0.3，0.7和1，这是我们的建议。如果你的组织想采用一个完全不同的评分系统也是可以的。只是这套评分系统必须对所有团队都一样适用。我们曾遇到一些组织，其部分团队会进行OKR评分，另外一些团队不会进行OKR评分；一些团队用颜色进行评分等级标识，另外一些则用数字标识；一些团队采取的是录入预测性数字的做法，另外一些团队采取的则是录入历史最新进展的做法……最后你得到的就是一个分数的大杂烩。这会带来很多问题！你的团队必须选择一种唯一的评分机制，清晰地定义它，然后在全公司范围一致地使用它。这样才能形成最有效的学习体验，避免因不同的评分系统所导致的混乱。

制定 OKR 后应注意的事项

9. 避免制定后就束之高阁现象

如果你把制定OKR当成一个一次性活动，制定后就不闻不问，仅在季度结束时才去看一下，这是不对的。OKR的定义说得很清楚，它是一个持续的纪律要求。在整个季度期间都没有审视和讨论OKR的进展，不是OKR所期望的。OKR的一个目的是要成为一个动态、实时学习的好帮手，周例会和中期审视可以用来帮助你避免出现这种现象。

10. 联结 OKR 确保同上层组织对齐一致

如果你的组织非常小，或者只是大型组织的一个业务单元，那么一份OKR可能就足以指导大家的行动了。不过任何具备一定规模的组织都应努力将OKR向上、向下和横向联结，以获得指数级收益，让所有员工都专注于有所区分但高度对齐的目标上去努力。

一线员工通常离公司高层战略太远，所以公司的OKR如果只提供少量指导，是不足以对他们的日常工作产生牵引作用的。实证研究和经验表明，大多数人都想有所作为，希望为组织使命中的伟大目标贡献力量。联结OKR能释放员工的创造力，让你可以充分利用取之不尽用之不竭的脑力资源。

OKR 开展误区，以及咨询顾问能给你带来哪些帮助

如果你是一个业务领导，负责在你组织中推行 OKR，在阅读本书后，你可能会想："这看起来很简单啊，我可以在周末就敲定我们的 OKR。"星期天晚上，你把孩子们哄睡下后，坐下来泡上一杯咖啡或其他提神饮料，起草了一份你觉得非常完美的 OKR。周一上午，你立马向你的团队宣布了它们。你可能会对你的 OKR 进行激烈的辩解，因而让大家感觉基本上它已经是板上钉钉不会再改变了；或者你以一种更友善的方式邀请大家对它进行评论。但不管是哪种方式，你所传递的信息都很明确："我是领导，这是我制定的 OKR，大家还有疑问吗？"这种情况下自然不会有人举手提问。事实上，你的团队成员很可能从一开始就已对此产生了抵触情绪，这会让你错失 OKR 机制的一个主要优点：接收自下而上的输入以创建有效的 OKR。

上面的故事有很多变种，我们不希望你这样做。不过，在制定第一份 OKR 时，更有可能出现的情况，不是团队领导者单方面设定 OKR，而是团队在没有任何外部帮助的情况下完成这个过程。这样做的不足有：

❑ 角色很快就模糊了：你是主持人？还是参与人？你的定位将很大程度上影响你在研讨会上的行为。

❑ 我们都会成为无意识偏见的牺牲品：不知道你能否引导 OKR 讨论走出你的固有思维模式，充分征集大家的输入和融合团队的集体智慧。会后你可能自我感觉良好（"这些 OKR 真了不起"），但由于你的团队成员并没有对 OKR 初稿发表他们的意见，因而可能会抱怨（甚至更糟）OKR 只是意味着另一种形式的工作量增加。

❑ 作为领导者和关键决定的裁决者，你的团队错失了很多有价值的

> 输入：作为领导者，你的角色是仔细评估团队成员的观点，当大家不一致时，借助你的专业判断和经验，做出深思熟虑的决策。

如果单独行动不是最佳选择，那么应该怎么做呢？我们是顾问，这听起来好像是我们在自我推销。然而，受过良好训练和经验丰富的咨询顾问确实可以为你带来巨大价值，加速 OKR 的成功实施过程。[13] 特别是如果你刚接触 OKR，顾问会给你带来很多你所不具备的实施经验，以及及时完成这项工作的成熟方法。

顾问可以为你提供客观建议。作为一个中立的主持人，或没有任何先入为主之见的教练，他不是你团队工作的专家，因而不会纠结在那些让你们团队苦恼的细节上。顾问提出的一些疑问，能经常揭示出一些基本假设层面上存在的问题，促使大家退后一步去重新审视他们的核心心理模型。最后，顾问还能提供一种在实施期间很稀缺的东西，即信任度。这是一个悲哀但不可否认的事实：当有该领域的权威专家一起合作时，高层管理团队更易接受 OKR。

如果你认为顾问的帮助对你开展 OKR 是有意义的，下面让我们给你提供一些选择咨询顾问时应考虑的因素：

- **OKR 经验**：随着 OKR 逐渐成为战略执行和绩效管理的主流，它无疑会引起大大小小的咨询公司的注意，他们正急切希望从这种增长趋势和潜在收入来源中获利。你可能会认为，作为一个客户，对你来说第一步是要先确认一个潜在顾问的过往成功案例。但我们建议你把这作为第二步来对待，你第一步要做的是先确保他们的 OKR 和你定义的 OKR 是否一致。越来越多的公司开始提供 OKR 服务，但他们提供的真的是 OKR 吗？他们可能兜售的是不那么复杂的仪表盘、伪装成 OKR 的 KPI，或者是一个毫不相干的软件解决方案。要确保他们对 OKR 框架的工作定义和你的预期是一致的。这个条件满足后，再去查阅他们过去的客户参与情况，以确认他们的工作方式、典型服务范围以及他们的客户是如何从他们的服务中受益的。

- **确认一系列技能具备情况**：有才华的顾问通常都会具备多重身份，他们必须具备出色的沟通技能，能清楚透彻地讲解相关理念；同时与公司各个层级保持紧密联系；引导技能显然也是必须具备的，因为有许多工作都涉及通过组织一个充满冲突的研讨会的形式来起草和完善OKR；分析技能也是必要的，以整合各种数据和素材，为有效引导做准备。总之，要确保你的咨询顾问具备必要的技能，能自信和干练地引导大家充分参与。

- **知识传承**：咨询公司所制定的工作计划中最关键的一个部分是要能及时地将相关知识从顾问传递到组织中的员工那里。这就是知识传承过程：将关键理念和技术从顾问那里传递到客户那里。然而，顾问们通常热衷于按时间和预算去做事，用更多有形努力取代了那些无形的知识传承活动。组织为此会付出沉重代价。当咨询顾问离开后，他们留下的是一个不具备必要的知识和技能，且难以持续的组织。所以务必确保与你合作的顾问会投入必要的时间，和你全面分享OKR知识。

- **文化契合度**：当本书作者保罗还在企业里工作时，有过一次有趣的经历。他们公司聘请了一家知名咨询公司帮助进行一项组织重组。保罗所在公司的文化非常开放、合作和友好。一些会议通常会延迟一两分钟才开始，因为大家会在会议开始前相互拥抱。这个咨询团队在工作方式上和保罗所在公司完全相反，他们把自己关在一个会议室里，在走廊里也很少和大家有目光接触，除高级管理团队外也不和其他任何人交谈。他们可能认为自己很专业，但对员工来说，他们的这种冷酷作风似乎显得很孤僻、冷漠，甚至是居高临下，这种风格冲突对大家的参与产生了很大影响。由于员工不愿意合作，所以自然不会坦诚，裂痕很快就变得不可弥合，公司最终放弃了和该咨询团队的合作。在考虑咨询合作伙伴时，文化契合度通常容易被忽略，但是它实质上和知识经验同等重要。虽然你不需要一直和顾问保持联系，但在 OKR 制定期间，他们是你组织中非常重要的一部分。看看这个你即将每天打交道的人的介绍图册或网站介绍，他们和你的组织文化兼容吗？高管和一线员工是否愿意和他们并肩作战？如果答案是否定的，那就继续寻找吧！

结语

虽然一些商业陋习看上去似乎永远不会消失，比如办公室政治，不过大多数情况下，在组织中工作都是一件让人觉得兴奋和鼓舞的事。过去几十年里，我们目睹了一系列领域天翻地覆的变化，包括变革管理、组织结构、神经科学在工作领域的应用等，所有这些将管理实践提升到了近乎艺术的形式。

然而，尽管取得了巨大的理论和实践进展，许多组织仍苦于应对最基本的挑战：沟通和执行他们独一无二的战略。我们认为战略执行源于让知识劳动者掌握公司的重点工作，围绕一个共同的目标，并有取得成功的动机。OKR 能以一种优雅而简单完全有效的方式做到这些。

正如早前所述，OKR 模型起源于 20 世纪中期，但我们相信它的飞速发展时期才刚刚到来。数字化时代的一大好处是它能快速传播有用的思想，毫无疑问，OKR 就是这类很有用的思想，随着全球越来越多组织意识到并开始利用这套框架的潜能，我们期望所有企业能不断实践和完善 OKR，将 OKR 推进到一个前所未有的高度。我们非常荣幸能为这场组织变革添砖加瓦，贡献自己的力量，也感谢你允许我们在这段旅程里成为你的向导。

祝你成功！

注释

1. Steven Pressfield, *The War of Art, Break Through the Blocks and Win Your Inner Creative Battles* (New York: Black Irish Entertainment, 2012).
2. Andrew S. Grove, *High Output Management* (New York: Random House, 1983).
3. *Impraise* blog, "Deloitte Joins Adobe and Accenture in Dumping Performance Reviews," Steffen Maier, May 3, 2015, http://blog.impraise.com/360-feedback/deloitte-joins-adobe-and-accenture-in-dumping-performance-reviews-360-feedback.
4. Marcus Buckingham, "Most HR Data Is Bad," *Harvard Business Review* (March 2015).
5. http://blog.impraise.com/360-feedback/deloitte-joins-adobe-and-accenture-in-dumping-performance-reviews-360-feedback. Accessed May 2, 2016.
6. Grove.
7. *Impraise* blog.
8. Peter Drucker, *The Practice of Management* (New York: HarperBusiness re-issue edition, 2010).
9. Daniel Pink, *Drive: The Surprising Truth About What Motivates Us* (New York: Riverhead Books, 2011).
10. See WorldatWork and Deloitte Consulting, "Incentive Pay Practices Survey: Publicly Traded Companies," February 2014.
11. David Rock, *Your Brain at Work: Strategies for Overcoming Distractions, Regaining Focus, and Working Smarter All Day Long* (New York: Harper Business, 2009).
12. Impraise Blog.
13. Portions of this section draw on Paul R. Niven, *Balanced Scorecard Step-by-Step: Maximizing Performance and Maintaining Results*, 2nd edition (Hoboken, NJ: 2006).

Objectives and Key Results

第 7 章

OKR 应用案例研究

随着谷歌在应用 OKR 模型上获得了广为人知的成功，OKR 已成为硅谷公司的一个符号。然而，这套可塑性极强的框架实际上适用于任何组织的任何部分。我们幸运地与全球各行各业大大小小的公司在这方面合作过。我们即将在下面分享他们的故事。

但是怎么分享呢？

如果你曾读过商业类书籍（我们怀疑这是你第一次进入这种类型），你肯定知道，通过公司实践去证实作者的关键论点是一种标准做法。我们在这方面没有什么不同。在我们开始写作本书前，我们联系了一些熟悉的组织（主要是咨询公司，但并非全是），让他们填写一份问卷，反馈他们使用 OKR 的经验。我们的目的是在本书中引用这些案例，以便为我们的观点提供佐证。正如你在阅读本书时所看到的那样，我们在某种程度上确实这样做了，但可能不像其他书籍引用得那么多。由于我们收到的回复信息量很大，也都非常实用，如果把它拆解到多个章节的话，会有损其完整性，它应当作为一个整体存在，以利于你更好地阅读。

你将会听到许多公司富有启发和教育意义的故事。这些公司遍布世界各地，规模从大约 100 名员工到超过 33 000。[1] 我们希望你能仔细阅读每一个公司的案例，按需借鉴他们分享的 OKR 实施经验。

Flipkart 公司

Flipkart 公司成立于 2007 年，是印度领先的电子商务公司，提供有 70 多个类别、3 000 多万种产品。该公司共有 33 000 多名员工，负责为 4 500 万注册用户提供超过 1 000 万次的单日访问服务。这是一个很庞大的数字，让 Flipkart 一跃成为印度第一个 10 亿美元级的电子商务公司。我们很高兴采访了该公司的前任人事主管尼克特·德塞（Niket Desai）。

为什么要引入 OKR？你考虑过其他替代方案吗？

我们的组织极度复杂，涵盖物流、核心技术和广告几个类别。每个类别都是一个巨大的、独具特点的复杂子公司，要让这三个类别协调一致地运作，是一件十分困难的事。

OKR 的引入，意在促进跨子公司协同，让各子公司同 Flipkart 的核心举措对齐一致。OKR 的实际组成部分，如基于数字的评估、在制定目标之前的预对齐等，可以让各自为阵的组织受益匪浅。

谁发起的 OKR（你是如何关注到它的）？

我们的首席产品官普尼特·索尼（Punit Soni）和我一起引入了 OKR，因为我们之前在谷歌和摩托罗拉（Motorola）学习使用过这个模型，而且取得了巨大成功。

谁在为这个项目提供赞助？

我们的首席产品官普尼特在产品部门内赞助实施了该项目。

你们在哪个层面实施 OKR？公司层面还是业务单元层面，为什么？

最初我们在业务单元层面实施 OKR，因为我们试图弄清楚我们的资源分配和使用情况，同时也能为业务单元指明重点努力方向。事实上，组织中的其他部门也希望取得这样的收益。由于 OKR 的"互惠互利"特点，它很快被广为采用。现在已经有超过 10 000 名员工在使用 OKR 了，但实际上 33 000 人都已卷入其中受其影响。

你们制定 OKR 的过程是什么？培训、务虚会、还是研讨会等？

最初，在我们公司，我们是这样开展的：

- 我们发送了一封备忘录，解释了什么是 OKR，以及为什么我们要采用它。
- 我们发布了一些特定组织的 OKR 示例。
- 我们召开了一次全员大会，进一步帮助大家深入了解我们使用 OKR 的目的。
- 我们要求大家直接向首席产品官汇报他们的 OKR 草案。
- 我们为不同团队举行了仲裁会议，帮助大家就如何才能输出一个好的 OKR 达成一致，并处理相互间存在的依赖关系。
- 我们把这些内容发表到了一个公共网站上，让它在组织内广泛传播。我们认为重要的是要让每个人都知道我们正在做什么。
- 最后，我们又举行了一次全员大会，评审 OKR 终稿。

最初，这个过程进行得很艰难。我们花了大约 3 个季度的时间来解决大家在制定 OKR 时遇到的问题和困惑。最常见的问题是：要做的工作太多了，不聚焦（真正重要的！）。

一种倾向是把 OKR 和其他过程绑定应用（胡萝卜加大棒）。OKR 的挑战之处在于，它们有时看起来就像是一种协议。目标和关键结果是一个迭代过程，要不断协商才能制定出极具挑战性的目标。这需要组织内部和组织间充分信任。一种做法是不仅允许团队自下而上地思考他们认为自己应该做什么，还要让他们思考他们认为自己可以产出什么结果。如果只是自上而下地进行，并将结果"直接"与绩效挂钩，OKR 就会变得更像是合同，团队最终只会迫于压力而完成他们的工作。实际上，通过向大家展示更宏伟的蓝图，以及跨业务和跨团队间的密切交互过程，可以帮助复杂组织协调一致地去围绕一个共同目标而努力。对更大的宏伟蓝图的信念，可以让各团队更融合和更加顾全大局（和重排优先级）。如果 OKR 被当作大棒使用，即纯粹的基于合同式的义务，员工就会对手头工作缺乏强烈的认同感（像往常一样），那么蕴藏在 OKR 中的对齐一致和挑战性思考的巨大能量就永远不会释放出来。

如何确保你的 OKR 反映组织的战略，以便让大家专注于做正确的事情？

我们做了几件事。

首先，我们建议你得花足够的时间在这上面。这是大家在使用 OKR 时最常犯的一个错误。他们只是简单地做了这个动作。但简单并不等于就容易。说它简单，是因为它包容了巨大的复杂性，从而让嵌入这种复杂性的工作看起来显得很容易（尤其是当 OKR 变得越来越有效时），但事实并非如此。

其次，倾听也非常重要。OKR 至少应部分地以自下而上的方式去开展。团队成员应该充分表达他们计划做什么并真正地去做。领导应该将下属的意见和方案与自己的想法相结合，实现战略和具体实现的完美结合。

最后，让人们充分辩论。当大家辩论时，请他们提建议，而不是给答案，这时最容易产生好想法和创造性。

你们如何进行 OKR 评分？

在季度中期和季度末进行评分，使用 0～1.0 分制。

你们对 OKR 的数量有限制吗？

我们建议每人 3～5 个 Objective，每个 Objective 下的 KR 数量与此大致相同或略高。

谁在持续管理 OKR 流程？

我们有一个专门的人事团队负责代表组织主要部门运作这一流程。公司的领导者应该自己制定他们的 OKR 草案，解决依赖关系和完成 OKR 评分。领导力团队将设定审查日期，并实际提供反馈。

你们把 OKR 推行到组织的较低层级了吗？

我们至少实施到了三层到四层组织，但我们没有强制要求。理论上可以一直部署到个人层级。根据我们的经验，前三层（总裁、副总裁、主任）实施 OKR 的收益最明显。这样做所产生的对齐和聚焦效果正是我们所需要的。

如何确保所有 OKR 之间的一致性？

最初，我们建议召开专门的会议以解决他们的问题（特别是跨团队）。事实上，如果组织设计合理、功能定位清晰、权责划分明确、业务与组织方向一致的话，OKR 实施起来就会很容易。如果复杂的业务是基于现有的组织去设计，而不是反过来根据具体业务需要去设计相应的组织的话，OKR 过程就会变得很复杂。

如果你知道你要衡量什么，知道什么于你而言最重要，那么定义可衡量的结果就很容易。我发现 OKR 的质量反映的是一个人对其业务的理解程度。盲目追求增长而不理解特定指标（收入驱动因素，假设检验等）背后的关键原因，可能会产生误导。

最初我们的 OKR 也非常复杂，很难对齐达成一致，但随着时间的推移，人们开始处理各自的依赖，不断协商，同时随着组织设置变得更加合理，对齐过程也变得更加容易。OKR 告诉你的是你的组织将去向何处。根据定义，依赖关系显示的是努力程度的收敛或聚合程度——以及随着时间的推移，这种依赖关系可以揭示出组织需要进行哪些变革。

你们在组织内采用何种方法同大家沟通和培训OKR？

我们认为，过度沟通至关重要。给员工提供足够的资源，使他们很容易就能找到这些资源。我们不只是发送电子邮件进行说明。我们还开发了OKR"实用指南"、示例文档、其他领导者使用OKR的演示文稿，并在公司内部举行了一系列午餐研讨会，以传播、解释和实施OKR。

我们把所有OKR和相关资源存放到一个固定位置。这让所有人可以便捷地找到所需信息，这是OKR能够成功实施的关键组成部分。

我们坚持按时间表推进OKR和共享OKR。我们广泛地共享OKR，鼓励其他团队分享自己的评审意见和建议。此外，我们的领导者也会参与到OKR实施过程中，这让大家确信OKR不是大家所认为的中层管理者在"瞎折腾"。我们会与主要团队进行一对一的沟通，以确保在OKR中能够体现战略方向，帮助这些团队深入了解我们想要去的地方。

最后，我们主要依靠全员会议和小范围座谈会向大家讲解OKR。为了表示对OKR的充分支持和赞助，我们的最高领导层会展示公司OKR，以及每个OKR背后的具体考虑。这些事件为促进OKR之间以及各事件之间的充分互动营造了很好的氛围。

团队如何报告和审查OKR结果？

我们在每个季度结束时会对上一季度OKR进行评分，同步起草下季度的OKR。然后，在新季度的早期，我们会举行一个全员会议讲解该季度的OKR。我们还会进行OKR中期审视，但这些大多都是在线进行的。

你使用OKR IT工具了吗？

我们正在构建自有OKR工具来管理OKR、依赖关系以及公司范围内的自动化通信。

IT工具是否可以带来新的好处？

绝对是的。它是我们自己开发的，其管理范围远远超出了OKR管理范围。

你有（或者曾经）考虑过将OKR与薪酬挂钩吗？为什么？

不，两者间最好是松散的关联关系。OKR只是给出结果，不能作为工作的条件。决策和结果应该分开（基本决策理论）。类似地，将激励与OKR挂钩，OKR很容易成为大家的赌注。重要的是，要让人们敢于挑战和冒险，而不是只为达成他们的数字目标以得到奖励。

你有将OKR与绩效评价挂钩吗？为什么？

OKR可以为绩效评价提供良好的上下文支撑，但绩效评价更应关注发展和反馈。

OKR给你带来了什么具体收益？

有如下几个收益：

- 全公司范围内的透明度，确保步调一致。
- 聚焦结果而非只是"努力工作"这个过程。
- 强迫你不断思考，通过更好的想法落地战略。
- 它已经成为文化的一部分。我帮助公司引入了OKR，但后来我离开了公司。然而，OKR并未因我的离开而受到影响，它仍在发挥着自身的魔力。

如何确保OKR能持续开展下去？

- 它需要自上而下的推动。
- 在各种会议、演讲、战略演练环节展示OKR。
- 让OKR可以被随时随地被查阅和获取到。

在你们实施 OKR 的过程中有何意外之处？

它们曾被用作指挥棒。大家要么把 OKR 看作是像在履行合同义务，要么看成是上级用以达成预期结果的手段。

如果再做一次，你会有哪些不同的做法？

- 聚焦。少即是多。
- 开始在最高层级实施 OKR，然后慢慢地往下扩展到低层级组织，而不是一上来就一窝蜂地去开展。
- 处理好即将发生的"例行性业务"和 OKR 间的关系。不将日常维护性工作写入 OKR 并不意味着就不做它们。

你会推荐其他公司应用 OKR 吗？为什么？

绝对推荐！

CareerBuilder 公司

CareerBuilder 是美国最大的在线求职网站。每月有超过 2 400 万人访问 CareerBuilder，以寻求新工作和职业发展建议。该公司是人力资本解决方案的全球领导者，与世界各地的雇主存在广泛合作，包括 92% 的《财富》1 000 强。该公司比任何其他公司都更加强调要给最合适的人才以最适合的机会。CareerBuilder 的敏捷开发部门的经理安迪·克鲁比（Andy Krupit）向我们介绍了他们的 OKR 实施情况。

为什么要引入 OKR？你们考虑过其他替代方案吗？

我们没有考虑任何其他替代方案。我们选择 OKR 主要是因为该模型能给我们带来如下好处：

- 能更专注于对我们而言最重要的事情上。

❏ 能让各业务以及团队之间更好地保持一致。
❏ 更具责任感：源自业务的"正向"压力。

谁发起的OKR（你是如何关注到它的）？

敏捷教练索尼亚·麦达恩（Sonia Madan）曾和我一起工作过，他让我了解到了OKR。我很快就认识到可以利用这个框架来帮助我们管理所有需求。我们和IT部门的领导者进行了一次远程交流，并观看了瑞克·克劳（Rick Klau）发布在网上的谷歌的OKR视频。我们一致同意引入OKR，并寻求我们的业务合作伙伴的支持。

谁在为这个项目提供赞助？

我们的首席信息官（CIO）Roger Fugett。

你们在哪个层面实施OKR？公司层面还是业务单元层面，为什么？

我们在"团队"层面（业务单元和IT团队）实施OKR。我们是一家敏捷/精益公司，敏捷/精益已成为公司文化的一部分。我们希望首先在团队层面使用OKR以了解这套框架的影响和有效性，然后再在其他层级组织中引入。

你们制定OKR的过程是什么？培训、务虚会、还是研讨会？

最初，我们与技术领导、产品负责人和业务领导举行了为期三天的研讨会。期间同每个"团队"举行了多次时长为3~4小时左右的会议。在研讨会之前，由本·拉莫尔特（Ben Lamorte）先向每个团队介绍了OKR。图7-1展示了我们季度OKR实施流程：

创建/定稿：团队将在该环节起草（使命、1~2个或多个Objective，每个Objective包含2个或更多个KR）；对齐（与相关团队一起审视以对齐一致）；精炼（在OKR教练的指导下召开精炼会议，我们三人作为中立的第三方让其他人进行独立思考）；定稿（提交业务线高级领导团队定稿）。

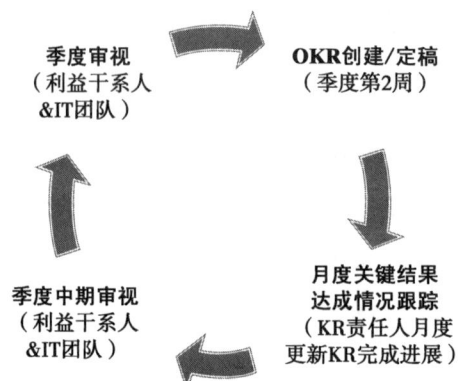

图 7-1 Career Builder 公司的季度 OKR 实施流程

KR 责任人将在季度中期审视会上跟踪、刷新、评分和报告 KR 达成结果。

产品负责人和 KR 责任人一起召开季度评估会议，审视 OKR 及路线图达成情况等。重新审视 KR 得分情况。

你们使用的是谷歌的 OKR 模型吗？是否有对它做适当的定制以适配你的组织？

是的。我们喜欢谷歌的评分模型，所以保留了它。但我们认为，一步到位地在个人层面实施 OKR 影响太大，所以我们没有急于推行到个人层面。

如何确保你们的 OKR 反映组织的战略，以便让大家专注于做正确的事情？

我们的 OKR 教练与我们的事业群领导和 IT 部门领导会一起召开推进会议，以起草本季度最重要的 OKR。通常会使用"5-why"方法，直到我们真正弄清楚了为什么要这样做为止。

你们如何进行 OKR 评分？

像谷歌一样，我们使用的也是 0~1 分制，主要有 3 个评分点（0.3，0.7，1）：

- ☐ 0.3——这是我们预期在本季度一定能实现的程度。
- ☐ 0.7——"很挑战"。存在一些依赖，且有些事情不在我们掌控之下。
- ☐ 1.0——这需要每个人都全力以赴。不是完全不可能实现，只是实现的可能性比较小。也就是大家通常说的"超级挑战"。

你们对 OKR 的数量有限制吗？

刚开始 OKR 时我们没有设置限制，但后来我们觉得应该要有限制才行。例如，基于我们过去合作的团队数量，可以限制大家只能有 1 个 Objective。未来，我们会持续以迭代的方式去尝试，看设置多少 OKR 才能更好地推进我们的业务。现在我们暂时建议所有团队的 Objective 不要超过 3 个。

一次 OKR 制定过程需要花多长时间？

一个月（研讨、起草、对齐、完善、定稿）。

谁在持续管理 OKR 流程？

我们的 OKR 教练，以及我们的产品经理 Sabrina Pickeral。

你们把 OKR 推行到组织的较低层级了吗？

没有。

你们在组织内采用何种方法同大家沟通和培训 OKR？

当我们正准备在 IT 相关团队开展培训时，很多业务单元都已经开始传播 OKR 的好处了。现在公司其他领域也想要使用这套框架。

如何确保所有 OKR 间的一致性？

"一致性检查"是我们 OKR 起草过程的一部分。所有相关业务/团队都会被卷入，以确保我们不会各自为阵。此外，我们最初在一个公共位置用一个简单的 Excel 文档公布了我们的 OKR，这样所有人都可看到它们。我们知道，这种方法在帮助大家理解 OKR 间的依赖等内容时不是很理想,但它是一个不错的开始。我们目前正在研究一种替代方法,让 OKR 更透明和更易于理解。

团队如何报告和评估 OKR 结果?

现在,我们正在利用"基于纪律的自由"这个文化价值导向来指导大家开展这项工作。团队/KR 负责人可以使用他们自己认为合适的方法来确保透明度。

你们使用 OKR IT 工具了吗?

我们最初自行开发了一个 IT 系统,以方便大家更新评分,但现在我们放弃了,因为我们觉得将其引入 OKR,对我们的业务来说没有必要。所以,我们仍在使用 Excel 跟踪。

IT 工具是否可以带来新的好处?

我们还没有进入 IT 系统实施阶段。

你有(或者曾经)考虑过将 OKR 与薪酬挂钩吗?为什么?

没有考虑过。我们尝试将 OKR 与其他指标挂钩,但很快意识到这会助长错误行为。最终,我们希望让 OKR 更加鼓舞人心。如果将其和激励机制捆绑的话,会抵消 OKR 的这一特质。

OKR 不直接和薪酬以及潜在奖金关联。不过,我们正在考虑 OKR 会如何影响我们的奖励计划,以及这样做会存在哪些利弊。对我们来说,将员工绩效表现和激励完全解绑有点困难。比如销售领域的"风险共担",他们的销售数额会直接与他们的奖励挂钩。然而,最终我们希望保持 OKR 鼓舞人心的特点。我们意识到,将 OKR 直接和激励挂钩有诸多不利。过去我们曾尝试过将其他指标与激励(例如奖金)绑定,结果催生了错误的行为。我还认为,当有些东西是透明的且带有竞争性时,也有导致错误行为的危险。我们正在寻找"合适"的平衡点。未来,我们会继续坚持以公开透明的方式去制定出充分协作的 KR,这与我们正在开展的敏捷方法是一致的,可以避免低价揽客行为,减少负重前行现象。

你们有将 OKR 与绩效评价挂钩吗？为什么？

OKR 会影响绩效等级，但不直接决定它们。我们将 OKR 当成一个持续改进工具，将它们作为绩效评估期间对话交流的一部分。

OKR 给你们带来了什么具体收益？

OKR 对我们而言还比较新。到目前为止，我们所看到的最大的好处是能用它围绕"为什么我们要这样做"这个话题开展战略性/可视化的交流。这让我们日常工作更聚焦，目标更明确。

如何确保 OKR 能持续开展下去？

我们必须日复一日地保持与我们的业务伙伴的对话。一旦它成为了 CareerBuilder 词汇的一部分，我们的理想就实现了。

在你们实施 OKR 的过程中有何意外之处？

起初，业务运营部门认为采用 OKR 没有太大的价值，但他们逐渐发现，聚焦在"为什么要这么做"这个环节给他们带来了巨大的价值。此外，另一个重大的惊喜是，这些对话很快导致很多团队在一个提案上更密切地开展合作，这在以前是不可能发生的事，因为他们意识到他们有一个共同的目标，因而表现出更强的合作性！

如果再做一次，你会有哪些不同的做法？

我们曾试图一夜之间在整个公司推行 OKR，但这太难了。我们最初从 IT 部门着手开展 OKR，所以大家自然而然地将 OKR 看成是 IT 部门的事，而不是为了他们自己。如果再做一次，我会选择一个重点业务单元，集中精力开展一个季度并取得成果之后，再在公司范围内分享他们的做法，慢慢地将更多的部门卷入 OKR 实施过程中来。

你会推荐其他公司应用 OKR 吗？为什么？

毫无疑问，我会推荐其他公司使用 OKR。这个批判性思考框架为我们今后的成功奠定了基础，确保我们专注于"我们为什么要做的事情"上,并通过统一的语言让团队紧密协同。它能增强协作,确认/定义战略,并能激发创新。

Zalando 公司

Zalando 是欧洲领先的女性、男性和儿童在线时尚平台。Zalando 于 2008 年成立于柏林,服务遍及 15 个国家,提供超过 1 500 个品牌的各种时尚产品。该公司在欧洲拥有超过 10 000 名员工,2015 年营业额近 30 亿欧元。品牌解决方案副总裁克里斯托弗·兰格(Christoph Lange)和我们分享了 Zalando 实施 OKR 的故事。

为什么要引入 OKR?你们考虑过其他替代方案吗?

我们从使用 OKR 的公司(例如谷歌)那里收到了非常好的反馈。该系统以信任和协作为基础,能够实现全局对齐和完全的公开透明。同时,我们也很欣赏这套框架的简单易懂。

谁发起的 OKR(你们是如何关注到它的)?

我访问了谷歌总部,在那里,许多人向我提到 OKR 这个工具非常的强大。在访问期间,我恰好会见了瑞克·克劳——正是他上传了 OKR 的 YouTube 视频(这时还是 2013 年 8 月)。

谁在为这个项目提供赞助?

我们非常幸运,在 Zalando 我们享有很大的自由度,可以大胆地去尝试很多新事物。当时我正准备成立一个新部门,叫 Zalando 品牌解决方案部,并决定在这个部门从一开始就使用 OKR。我们的董事会非常支持我的这个决定。

你们在哪个层面实施 OKR?公司层面还是业务单元层面,为什么?

我们从品牌解决方案部开始推行 OKR。品牌解决方案部的定位,是要帮助其时尚合作伙伴通过 Zalando 平台与他们的客户进行联结。最初，该团队致力于提供一种简便的方法，在自己的品牌商店中发布品牌的数字化信息，包括 CMS 和分析工具。现在，品牌解决方案部准备全面整合其所有时尚业务（无论是品牌，零售商或纯离线玩家）的库存信息到 Zalando 平台，给消费者提供更多便利。

我们在解决方案部的部门层面、团队层面和个人层面同时使用 OKR 已经有三个季度了。之后，在第四季度时，该计划被推广到整个公司，从高管层开始，然后一直到公司较大一些的部门和团队层面。

你们制定 OKR 的过程是什么？培训、务虚会、还是研讨会？

我们刚开始对 OKR 进行了大量的研究。如上所述，我们与来自谷歌的人交谈，同时阅读了大量博客、文章，以及其他相关信息。

至于实施过程，在品牌解决方案部内，我们和小组领导一起创建了 OKR 初稿，然后提交给团队评审。

更进一步，在公司推广时，我们得到了外部顾问本·拉莫尔特的支持，为领导者举办了一系列培训和研讨，以帮助他们学习 OKR 基本理论，教他们提问技巧，并支撑团队实际起草 OKR 初稿。现在我们有一个固定的 OKR 专家圆桌会议，讨论 OKR 知识并推动 OKR 在 Zalando 的不断演进。

你们使用的是 Google 的 OKR 模型吗？是否有对它做适当的定制以适配你们组织？

绝大部分是谷歌的。但我们做了一些调整以适配我们的具体需求。

如何确保你们的 OKR 反映组织的战略，以便让大家专注于做正确的事情？

绝大多数 OKR 应联结到我们公司内的更高级别的 OKR。我们在公司层面同时创建有年度 OKR 和季度 OKR 两种 OKR，以反映我们的总体战略。

你们如何进行 OKR 评分？

我们使用 0～1.0 评分制，其中 0.7 是"最佳位置"。我们的 OKR 是公开评分的，我们不将它们同奖金或个人绩效绑定。

你们对 OKR 的数量有限制吗？

是的。为了确保足够的专注，我们开始是要求每人最多只能有 5 个 Objective，每个 Objective 下最多有 4 个 KR。现在我们正在探索进一步减少 OKR 数量的可能性，以便让大家更加聚焦。

一次 OKR 制定过程需要花多长时间？

拿品牌解决方案部来说，整个团队花费了 8 小时 / 人开发他们的第一份季度 OKR。

谁在持续管理 OKR 流程？

我们在公司层面有一个 OKR 委员会，以确保有足够的自下而上的 OKR，并且以季度为单位制定和评估公司层级的 OKR；但我们没有固定流程，团队可以自行决定如何操作。不过，我们确实提供有公司层面的支持来帮助员工。如有可能，我们会尽量鼓励 OKR 专家帮助发起 OKR 起草会议。

你们把 OKR 推行到组织的较低层级了吗？

是的。到 2015 年年底，OKR 已完全推广到 VP（副总裁）级别，OKR 对于低于该级别的团队是可选的。采取这种分阶段推行的方法让我们更专注于学习。不过，从 2016 年开始，所有团队都参与实施了 OKR。

在组织内你们采用何种方案和大家沟通和培训 OKR？

我们使用了多种方法来培训员工如何使用 OKR，包括：

- zTalks：每个季度我们都用它来向公司全员直播公司 OKR 的制定和评分过程。
- 在部门全员会议上演示 OKR。

- 保持 OKR 的公开透明，让每个人都能随时访问他人的 OKR。
- 把团队 OKR 打印在海报上，挂在他们部门内部。
- 培训课程、视频和演示文稿。

如何确保所有 OKR 间的一致性？

每个 OKR 责任人都必须在其 OKR 定稿前和他所依赖或被依赖的团队会面交流以达成一致，我们称那一周为"对齐周"。我们还坚持让整个 OKR 创建过程完全公开透明，以便每个人都知道我们准备做什么。

在品牌解决方案部，我们会召集所有团队开季度 OKR 研讨会，会前整个团队会先准备好他们完成度大约为 80% 的 OKR 草案。在过去，我们单独向每个团队收集信息，然而，通过让品牌解决方案部所有团队一起起草 OKR，在会前就大约完成了 80% 的内容，这比之前让每个团队单独起草 OKR 的做法更有效率。

为了让团队更加一致，我们最近实施了一个 Zalando OKR "宽对齐周"活动。要求大家在这周专门空出大部分时间，以便同所有相关团队和部门进行面对面交流，同公司的整体 OKR 对齐一致。通常这周就是该季度开始的那一周。

团队如何报告和评估 OKR 结果？

各个部门情况不尽相同。一些部门会采用全员会议的形式，在会上分享 OKR 评分；一些部门会采用两周一次的评分会议，所有人都可以参加；还有一些部门通过使用谷歌云端硬盘（Google Drive）进行文档共享。在品牌解决方案部内部，我们现在还会和所有团队进行中期审视，在会上团队会展示他们所取得的具体成果。

你们使用 OKR IT 工具了吗？

我们即将实施一个专门的解决方案来管理 OKR（2016 年中期）。

过去我们通过谷歌云端硬盘来进行管理，并且用了整整一年，也做得相当不错。

IT 工具是否可以带来新的收益？

是的，IT 技术允许同步协作，这让事情变得更快捷和更容易。它还能促进权力分配和角色管理（例如，每个人都可以评论，但只有团队可以编辑）。最后，使用 IT 技术，OKR 更加移动化，可以随时随地访问。

你们有（或者曾经）考虑过将 OKR 与薪酬挂钩吗？为什么？

没有。我们相信最大的动力不是金钱，而是一个具有挑战性的目标。员工永远不应该在个人奖励和公司成功之间进行抉择：这不是一个零和博弈的过程，这应该是一个双赢的过程。

你们有将 OKR 与绩效评价挂钩吗？为什么？

没有，OKR 不是绩效管理工具。然而，从长期来看，我们认为 OKR 应该与员工个人绩效以及团队绩效保持一致。因此，在绩效讨论时，OKR 可以作为一个讨论点。但两者没有直接关联关系，绝对不能有。

OKR 给你们带来了什么具体收益？

由于我们每季度都会公示公司层面的 OKR，所以每个员工都了解我们公司的方向。我们在品牌解决方案部就感受到了大家努力方向越来越趋于一致。事实上，我们早期的 KR 之一就是要提高品牌解决方案团队的一致性，现在我们确实做到了。

如何确保 OKR 能持续开展下去？

我们创建了一个 OKR 专家社区，这些专家会定期开会讨论存在的问题，并分享 OKR 最佳实践，确保我们能不断提升 OKR 应用水平。我们预计将于 2016 年推出我们自有的 OKR IT 平台，以确保持续开展下去。

在你们实施OKR过程中有何意外之处？

起初，我们大多数人认为我们需要一个标准化的、专门的OKR工具，以使该过程能够正常运转，但是我们用Google Sheets管理了整整一年，也用得挺好。

如果再做一次，你会有哪些不同的做法？

没有了。不过现在我们开始针对公司层面的KR逐一分配责任人了。这很重要，如果你只是模糊地默认少数几个高管就是公司层面所有KR的责任人而不具体分配，效果并不好。

你会建议其他公司使用OKR吗？为什么？

肯定会。OKR是一个简单而强大的方法，用于促进组织范围内的对齐一致，确保大家把精力聚焦在真正重要的事情上。

Sears 控股公司（SHC）

西尔斯控股公司（Sears Holdings Corporation）是一家领先的综合性零售商，专注于为会员提供无缝的在线和实体购物体验——任何时候，任何地方，任何方式购物。该公司2015年营业收入超过250亿美元，其附属公司包括西尔斯·罗巴克公司（Sears Roebuck）和凯马特（Kmart）公司，在全美拥有全系列专业零售店。公司战略人才管理总监霍利·恩格勒（Holly Engler）向我们讲述了他们的OKR旅程。

为什么要引入OKR？你们考虑过其他替代方案吗？

作为一家由约34个业务单位、管理团队成员超过290人、联营基地规模近20万人、业务范围覆盖从支持职能到商家群体的大型、复杂组织，我们努力在全公司范围内围绕我们的关键目标形成足够的专注度和透明度。对任何一个联营单位而言，要让他们理解其个人贡献是如何同公司的整体战略举措是一致的非常困难。此外，我们一直在努力寻找一种更有效的方法，帮助实现更好的跨业务单元协作，而不是各业务部门各自为阵。

当公司处于转型期时，很明显我们需要一个能让我们变得更加敏捷和灵活的流程，具备随时适应市场和客户需求、持续驱动商业成功、快速调整战略和执行的能力。OKR 似乎再合适不过了，经过我们的管理团队试点之后，我们认为 OKR 符合我们的诉求，没有必要再考虑其他候选工具了。

谁发起的 OKR（你们是如何关注到它的）？

我们的首席执行官兼董事长埃迪·兰伯特（Eddie Lampert）在 2013 年早期把 OKR 介绍给了我们的首席人力资源官（CHRO）和人才管理团队。他是在看到了谷歌风投公司发布的 OKR 视频后，对其产生了浓厚兴趣，想重新审视下我们的目标管理做法中，是否可以纳入更频繁的、可衡量的、透明的目标，以帮助我们在整个组织中更有效地工作，取得更大成绩。

谁在为这个项目提供赞助？

因为是埃迪把 OKR 引入了西尔斯控股公司，所以他一直是该方法的强有力的赞助人和支持者。他经常通过我们的内部社交平台，分享他在评审公司高层的 OKR 时所获得的启发和洞见。

我们的首席人力资源官迪恩·卡特（Dean Carter），以及人才管理负责人克里斯·梅森（Chris Mason）完全支持并倡导开展 OKR。同时，我们不断地在整个公司范围内获得大量的支持。由于我们之前在管理团队成功试点了 OKR，这些管理者反过来又成为这种频繁的目标设定过程的倡导者，在他们各自业务团队中持续支持 OKR 的实施。

你们在哪个层面实施 OKR？公司层面还是业务单元层面，为什么？

我们最初在高管团队试点了 2 个季度的 OKR。在整理了我们的发现后，我们认为 OKR 不仅可行，而且还是一个很好的逻辑思维过程，于是我们将 OKR 推广到大约 2 万名员工中。我们还将 OKR 应用范围扩大到部分小时工群体，并一直在探索进一步扩大范围的可能性。

你们制定 OKR 的过程是什么？通过培训、务虚会，还是研讨会？

我们从一开始实施 OKR 起，就希望努力建立一个规则：在组织内创建完全公开透明的 OKR。于是，我们迅速与开发团队合作，利用内部社交媒体平台进行 OKR 录入、评分和共享。几周之内，我们就创建好了最初的 OKR "平台"。我们在高管领导团队内进行了试点，让他们简单地输入这个季度正在处理的几个 Objective，然后在季度末重新登录到平台，自我评价他们的 KR 达成情况。

我们找了一个 OKR 专家给高管团队提供教练辅导，帮助他们理解为什么要使用 OKR，以及如何才能写出有意义的 OKR。我们的人才管理团队也在为高管们提供支持，帮助他们将业务战略转化为可衡量的 OKR。此外，我们还为最高层领导者安排了一个个性化的 OKR 和绩效管理入门培训。员工可以在办公室里观看会议直播，理解 OKR 制定和评分方法及实践。这些会议会被录制下来，在公司里持续传播。

你们使用的是谷歌的 OKR 模型吗？是否有对它做适当的定制以适配你们组织？

大部分是谷歌的 OKR 模型，不过我们也做了一些修改，以确保它符合我们的业务诉求。例如，我们没有必要在团队层面让每个团队都制定 OKR。我们重点强调制定个人 OKR。我们还对这套方法做了一些修改，在其中加入了更广泛的个人优先级，并强调业务单元优先级要更加可视化，这样可以让员工在制定他们的 OKR 时能够和组织战略更好地对齐。

如何确保你们的 OKR 反映组织的战略，以便让大家专注于做正确的事情？

在组织内广泛实施 OKR 近一年后，我们决定将其正式引入，作为公司绩效管理流程全面调整的一部分。结果，在新的动态绩效管理体系中，OKR 成了目标制定的主体。由于 SHC 组织规模较大也比较复杂，我们希望员工清楚如何将其个人 OKR 同更大的组织目标进行对齐。为此，我们将"个人重点工作"进行了分层。

个人重点工作代表的是应承担的核心职责，或者是那些跨度较长的关键项目（也许 6 个月、12 个月或甚至更长）。这在个人层面增加了额外的一致性，但并不解决业务单元层级和公司层级的一致性。因此，我们要求公司大约 34 个业务单元的领导者，在公司内部 OKR 平台上发布他们各自的战略。业务单元重点工作代表的是 2～5 个需要该组织在这一年实现的较宽泛的目标，以及绝大多数员工需要在个人层面推动达成的重点工作。这让员工可以直接将其个人 OKR 和组织的重点工作进行对齐，从而最终与整个组织的战略保持一致。

你们如何进行 OKR 评分？

员工会在每个季度末对其个人 OKR 进行评分，评分采用 0～1.0 分制。评分 1.0 意味着你"完美达成"了，或者换句话说，你在特定 Objective 上确实取得了很了不起的进步。相反，评分 0.0 意味着你没有取得任何进展。大多数人都想取得进步，所以将评分作为他们所取得进步的百分比。例如，如果我的 Objective 是要提升 10% 的销售额，我在季度末已经提升了 5%，那么我就给自己打 0.5 分。

对我们而言，很重要的一点是员工不会将他们的自评评分作为绩效评价的直接输入，而是用以帮助拓展他们的视野，帮助他们看清自己取得了哪些成绩，还可以取得什么成绩，以及如何将过程中学到的知识应用到下一季度。例如，如果一个员工的 OKR 评分一直是 1.0 分，这可能暗示他没有设置很有挑战的目标，他制定的很可能都是那些可以轻易实现的目标。OKR 意味着你要雄心勃勃。理想情况下，我们更愿意看到评分介于 0.6～0.7 范围内，这表明员工充分发挥了他们的潜能，在整个季度取得了不错的进展。

你们对 OKR 的数量有限制吗？

我们的确有限制。事实上，我们限制员工每个季度不能录入超过 5 个 Objective。对每个 Objective，员工可以录入最多 4 个 KR（但肯定不是强制他们必须录入 4 个）。专注度是 OKR 的一个关键要素，要始终思考你在某一季度可以在哪几个 Objective 上取得显著进展。在 2015 年，我们发现 OKR 对个人或职业发展而言，也是一个非常优秀的目标管理工具。当前，我们允许员工在其 5 个 Objective 中，可以制定一个"个人发展 OKR"，并识别出可以帮助他们开发特定技能、能力、文化信仰、行为等的 KR。

一次 OKR 制定过程需要花多长时间？

出人意料的是，时间比你想的要长。当你认识到一个任务和一个真正的 Objective 的区别后，你制定目标的方式会大不一样，并且会对你在该季度末如何以更有意义的方式评估它变得更加自信。最初我和专业人士一样，认为设定目标是一种理所当然的做法，直到我们使用了像 OKR 这样的思考构架之后，才发现原来我们制定的目标是多么的无效。话虽如此，要让高层领导团队同公司层级的优秀的 OKR 对齐一致，可能需要花上不少时间。我们所管理的复杂的 34 个业务单元不会让这一进程变得更快。对员工而言，我们要求他们利用上一季度的最后一周和下一季度的第一周，对他们上季度的 OKR 进行评分并制定下一季度的 OKR。在每个季度的第一个月结束时，员工应该完成其 OKR 的精炼和对齐动作，并已开始为之而努力了。

谁在持续管理 OKR 流程？

SHC 的文化是个人责任制，我们建立了一整套工具和流程来鼓励员工在其经理的指导和帮助下，对他们自己的绩效和产出负责。OKR 是设计来用于帮助员工的，因此，员工个人负责管理自己的 OKR（对

OKR进行评分、录入、对齐，并与他们的经理讨论）。

你们把OKR推行到组织的较低层级了吗？

最初，我们在整个固定薪资员工群体和钟点工群体中推行OKR。在将OKR重新整合到绩效管理系统中后，我们开始将这套方法推行到公司其他部门。从那时起，我们将OKR应用范围扩大到了我们的小时店主管、小时资产管理经理，当前正准备将其推广到我们的零售主管群体。其他业务领域也表示了浓厚的兴趣，我们计划继续扩大OKR的应用范围到更多的小时工群体，让他们可以将OKR作为其主要的目标管理工具，或者将其作为一种补充的个人效率提升工具。

在组织内你们采用何种方案和大家沟通和培训OKR？

我们利用多种沟通渠道知会员工OKR相关知识。在每个季度末，我们会通过SHC沟通团队发起一个集中交流，提醒大家应该进行OKR审视和自评，并准备进入下一季度的OKR制定阶段了。管理者会提醒员工做好季度交流相关的准备工作，以及利用这个交流活动对齐他们下一季度的Objective。我们还应用了一个"助推"技术，系统会在某一天自动提醒大家新的OKR该录入了。

每个季度，我们会提供一些实时直播或者录制好的研讨会视频，以帮助大家学习OKR的用途、收益以及OKR写作的最佳实践。这些视频涵盖的主题包括：

- 将你的OKR和你的重点工作对齐；
- 利用OKR进行有效检查；
- 写作伟大OKR的技巧和窍门；
- ……

这些有针对性的课程会确保其内容同业务是强相关的，且对大家有实际意义。除进行有针对性的辅导和培训外，我们还会通过短视频或插图的形式进行广泛传播，以提升大家的参与度和意识，并分享成功做法。

如何确保所有 OKR 间的一致性？

由于组织规模比较大，把大家召集到一起集中对齐 OKR 十分困难。因此，我们很大程度上主要依赖季度审视活动。在每个季度开始时，员工会和管理者一起进行一次交流，就他们个人 OKR 和团队、业务单元以及全公司的重点工作或目标进行对齐。每个人的 OKR 都是完全透明的，这也有助于确保达成一致，员工个人有责任确保他们的 OKR 和组织期待结果间的一致性。

我们很多团队和业务单元领导，已将 OKR 深度融入他们的日常工作中。OKR 已经成为大家日常讨论的一个主题，并习惯性地用来在每周员工会议上汇报工作进展。以固定节奏在团队层面分享 OKR，有利于不断提醒成员团队对他们的期望，以及个人贡献如何才能更好地帮助团队 OKR 的达成。

团队如何报告和评估 OKR 结果？

首先，每个员工的 OKR 在我们内部平台上都是公开的。管理者可以直接访问其直接下属的 OKR。反之亦然。所有 SHC 员工的 OKR 都是可搜索的，他们的 OKR 可以很方便地被找到。作为一种反馈手段，我们在系统中提供了一个可以展示员工个人 OKR 使用数据的功能，我们称之为"操作摘要"，它直观地呈现了员工个人的 OKR 录入情况和评分进展。团队管理者可以看到团队层面的数据，公司领导者可以看到公司层面的数据（查看其直接和间接下属）。这种直观呈现 OKR 使用情况的做法，可以极大地提升大家的意识和强化对 OKR 的应用。

每个新季度开始时，管理者会和员工一起进行季度审视。这些审视活动被重新改造成由员工发起的活动，围绕如下几个主题进行：

- 我过去做了哪些工作？
- 做得怎么样？
- 下一步要做哪些？

要求员工带着他们上一季度已完成的OKR的自我评分，以及新的OKR草案来参加这次交谈。在交谈过程中，下属会向他们的主管展示上一季度目标达成情况，以及下一季度他们希望达成哪些目标。主管则负责辅导下属并为其提供支持，为他们提供额外的方向指引或细节信息，帮助下属完善OKR，以确保其OKR同大团队的举措是一致的。这次交谈之后，下属会对他们的OKR进行必要的修改，并开始围绕预期结果而努力。

你们使用OKR IT工具了吗？

我们的确在使用。我们很幸运在SHC拥有非常棒的开发人员，他们成功地开发了一款OKR工具。我们使用一款内部游戏化平台来承载整个自有人才管理活动（包括目标设定、检视活动或绩效谈话、我们的即时反馈工具、人才评审等）。

IT工具是否可以带来新的收益？

IT工具可以助力OKR的推行，对我们非常有帮助，对像SHC这样庞大而复杂的组织来说更是如此。它能在整个组织内，让目标和关键结果具有前所未有的透明度。由于在我们的绩效管理平台中增加了这个额外的组件，现在员工们可以在一个固定的地方回顾他们在做什么，以及他们的目标达成得怎么样了。此外，随着我们持续提升大家的洞察力、学习能力并不断开发最佳实践，我们可以持续演进我们的技术手段，以满足我们的需求。

你们是否（或者曾经）考虑过将OKR与薪酬挂钩吗？为什么？

在SHC，我们不特别将绩效表现和激励绑定。事实上，我们特意将OKR作为员工个人效率提升工具，以帮助他们提升执行力和帮助他们成长，而且不强制要求所有人都使用OKR（不过，有大约70%以上的员工在每个季度都会主动选用这套方法）。在SHC，激励会由很多因素来进行综合决定，包括绩效、发展潜力、角色承担时长、市场薪酬水平，以及很多其他因素。OKR自我评估仅仅是员工的一次自我评估，我们不会将其集成到任何人力资源数据库中作为绩效评定的输入。我们鼓励员工利用OKR自我评估去和主管进行一次有意义的交谈，并预测他们的工作达成情况，以帮助他们取得更好的绩效。

你们是否将OKR与绩效评价挂钩？为什么？

如果我们有绩效评价的话，我们可能会把两者绑定。不过，从2014年起，我们就在自有固定薪酬员工群体和小时工群体（他们是主要的OKR应用人群）中废除了绩效考核和绩效评级。

OKR给你们带来了什么具体收益？

就我个人而言，我觉得收益很多，在每个季度结束时和开始时（至少），我会强迫自己暂时停顿下来，深入思考一下自己在上一季度做得如何，是否在需要专注的领域里取得了进展，以及下一季度需要我做哪些事情。它帮助我将大块工作拆解成大小正好的小块，我发现这个方法可以帮助我取得更多成就，让我感觉自己更富有成效。它还可以帮助我养成在整个季度中间随时自检OKR完成情况的好习惯，从而帮助我规划好下一步需要优先处理的工作，并确保我对齐预期目标。

我们在持续地和我们的业务伙伴合作，了解他们是如何从OKR过程中受益的，并且不断地收到他们很多积极正面的反馈。部分反馈如下：

- "我喜欢这种制定目标后再在一年里回顾几次的做法，而不是那种一年只回顾一次的做法。"——市场经理

- "在制定OKR时就思考如何进行OKR评分,让我可以真正地思考我到底想要达成什么成就,从而制作出一个伟大的OKR来。"——经理
- "我们的时间很容易被各种紧急事件吞没霸占,我们想做的事情很多,但显然不可能全都能完成。OKR重新把我们拉回到能给业务真正带来积极正向改变的事情上来。"——区域经理

如何确保OKR能持续开展下去?

- 有主要领导,以及充满激情的首席执行官和董事长的支持,极大地便利了OKR的持续开展。
- 我们的人才管理团队也在积极和更多的人力资源综合社区及领导力团队合作,持续地为各个业务团队OKR的开展提供支持。
- 数据的可视化,形象地展示了OKR在哪里被使用了,哪里没有被使用,这可以帮助我们的领导者明白,还可以在哪些地方寻找机会持续推行OKR。
- 此外,数据还可以帮助识别哪些部门的OKR运用得好。我们可以持续利用它们去向其他团队宣传OKR的优势。这些数据还有助于我们提升洞察能力,判断OKR用户间的关系,持续凸显利用OKR所能带来的收益。例如,我们现在知道,每个季度整个组织大约有45 000个Objective、125 000个KR被创建。这是一个很庞大的数据!在这些数据的帮助下,我们可以把OKR同其他人才管理方法联系在一起,以理解OKR的使用是如何影响员工个人绩效的。反过来,每个季度我们可以很方便地识别出那些制定了OKR,但后来没有坚持使用的同事,寻找有效的方法去帮助他们在下一季度持续取得进展。即便是只使用OKR一个季度的员工,其绩效同比提升情况,也要比没有使用OKR的员

工高出 11.5%。这正是普通绩效员工和高绩效员工之间的差异。
- 所有这些发现会持续地在组织中和员工分享，以说明 OKR 方法在绩效提升和生产率提升上的价值。

在你们实施 OKR 的过程中有何意外之处？

其中一个惊喜是，在没有任何强制要求的情况下，使用 OKR 的员工数量远远超出了我们的预期。我们推行 OKR 时，没做任何强制，仅将其作为一种备选方法，只是通过宣传、培训和价值主张去鼓励大家使用。现在每个季度有超过 70% 的员工在制定 OKR，这让我们大感意外。

如果再做一次，你会有哪些不同的做法？

起初，我们几乎完全聚焦在使用率上，只是简单地让员工们去"尝试一下"。我们的策略是先推动大家使用这套方法和技术，然后重新回过头来培训大家如何写出有效和高质量的目标。不能说这种方法就是错的……事实上，我认为它帮助很多人养成了一种习惯，也让那些在做之前努力思考其目标的人充分受益了。现在，我们正在花不少精力去培训我们的员工，帮助他们理解一个高质量的 OKR 是什么样的，如何更好地对齐它们，都有哪些 OKR 评分最佳实践，以及怎么知道自己制定出了一个强而有力和可衡量的 OKR。

你们会推荐其他公司应用 OKR 吗？为什么？

肯定会！我无法想象自己还在依靠年度目标（或者更长时间的目标）评估自己的工作进展。毫无疑问，所有组织都会从这套框架中受益。

GoNoodle 公司

GoNoodle 致力于让孩子们运动起来，做最好的自己。通过制作一些短小互动式运动视频，GoNoodle 让这一切变得简单而有趣，孩子们可以在一天中的任何空闲时候练习跳舞、拉伸、跑步甚至是正念活动。在学校里，老师们用 GoNoodle 让学生精力充沛，努力学习，课堂气氛异常踊跃。在家里，GoNoodle 把看电视时间变成了活动时间，大家会一起运动，也更有乐趣。GoNoodle 被数以百万计的孩子和美国 75% 的实验学校所使用。该公司的联合创始人兼首席产品官约翰·赫博尔德（John Herbold）分享了他们使用 OKR 的故事。

为什么要引入 OKR？你们考虑过其他替代方案吗？

我们是在 2015 年秋季时引入的。那时我们刚好完成了一轮融资，开始展望 2016 年的发展规划。我们的增长计划定得比较激进。我们知道这会给业务带来一定的复杂性和潜在的混乱。当时我们亟须回答如下问题：

- 如何才能管理好增长和规模的平衡？
- 如何才能始终专注在正确的事情上？
- 如何定义和宣传那些对我们来说最重要的事情？
- 如何衡量我们在最重要的事情上所取得的进展？
- 如何让我们更加努力？

我开始研究其他公司在面临类似挑战时是如何成功克服的，以期找到一些能对我们有所帮助的线索。在研究过程中，我发现了 OKR。这个概念立即引起了我的注意。它是一个被验证过的成熟框架，为我们提供专注度、清晰度、透明度和责任感，这正是我们所需要的。

谁发起 OKR（你们是如何关注到它的）？

如上所述，是我通过研究发现的。

谁在为这个项目提供赞助？

我在赞助该项目，我们的 CEO 对该项目也全力支持。重要的是要让整个团队看到我从一开始就完全支持它。

你们在哪个层面实施 OKR？公司层面还是业务单元层面，为什么？

我们是从公司层面和业务单元层面着手推行 OKR 的。当时对我们来说，一步到位地在个人层面实施 OKR 看上去跨度太大。我们的顾问也强烈反对我们在 OKR 实施早期就这么做。不过，我们认为仅在公司层面开展 OKR 是远远不够的。在实施 OKR 前，我们已经有公司层面的目标了（它们当然比不上现在的 OKR 定义这样的清晰，不过确实有目标了），我们需要的是在这些战略、公司层面的目标和每个业务单元或团队的工作间架起一座桥梁。OKR 的联结本质非常吸引我们，于是我们决定在公司层面和团队层面同时开展 OKR。

你们制定 OKR 的过程是什么？通过培训、务虚会，还是研讨会？

我们以近乎疯狂的速度在开展 OKR。我研究过 OKR 概念，对它有一定的理解，但我同时也知道，细节是魔鬼。为了确保我们从一开始就做好这件事，我聘请了 OKR 顾问来帮助我们。有经验的教练可以帮助我们轻而易举地克服实施过程中出现的各种问题。OKR 对我们意义重大，如果在刚开始时没有做好，就会让员工感到厌倦，从而破坏我们所做的整个努力。所以，我们必须确保最初的推进过程只能成功，不能失败。

顾问和我在 2016 年 1 月 11 日时通了第一次电话，29 日就开始在公司推行 OKR 了。这个推行节奏近乎疯狂。在开始推行前的 18 天里，我们和管理团队一起定义了公司 2016 年度的 OKR。目标（Objective）制定起来很容易，但我们那时才认识到：要制定出好的关键结果（KR）是一门艺术。这时顾问给我们提供了很多帮助。

在我们正式确立了公司层面 OKR 之后，我和各部门领导一起起草团队层面的 OKR，以支撑公司 OKR 的达成。教练一对一地为每个团队主管单独提供了辅导，最终制定出扎实可行的 KR。

当我和每个团队领导一起定稿他们的 OKR 时，顾问和我会定期交流。我们大概每周碰面 2~3 次，以回顾进展情况、解答疑问、起草内部 OKR FAQ 文档，并讨论如何通过最佳实践将 OKR 推行到员工层面。这一切进行得非常快，但我们确实做到了。在我们第一次 OKR 员工会议上，我们在公司范围内一共定义了大约 33 个 KR，并设有完整的评分标准。OKR 通过谷歌电子表格（Google spreadsheet）在全公司范围内共享，公司每个人都可见。整个推行过程十分顺利，这是我们的第一次成功试飞。

你们使用的是谷歌的 OKR 模型吗？是否曾对它做过适当的定制以适配你的组织？

是的，我们在公司和团队层面推行 OKR，采用的是 1.0、0.7 和 0.3 评分机制。值得注意的是，我们在制定 KR 时，为每个 KR 设定了对应的评分标准并将其作为 KR 定义的一部分。这很困难但却非常有价值。

如何确保你的 OKR 反映组织的战略，以便让大家专注于做正确的事情？

通过如下一些手段：

- ❏ 公司和团队愿景陈述：这是顾问给我们的建议。每个团队在公司里存在的理由是什么？这个理由是否服务于公司的愿景和年度 OKR？每个团队的 OKR 是否直接服务于他们的愿景？
- ❏ 每周回顾会：每周一上午，高管团队都会整体浏览一下每个 OKR 并在共享文档中批注最新进展。
- ❏ 季度中期审视：我们会在季度中期召开员工会议，每个团队依次展示其工作进展，以及从中学到了哪些经验教训。
- ❏ 季度末的评分和回顾：我们在每个季度末会再召开一次员工

会议，以正式对我们的进度进行评分，并滚动到下一季度的 OKR 制定上来。

❏ OKR 入门培训：每个新员工都会得到一份 OKR 概述，OKR 是什么？为什么我们要使用 OKR？OKR 得分意味着什么？等等，这些都有助于将 OKR 固化到我们文化中并融入运营 DNA 中。

你们如何进行 OKR 评分？

我们使用 1.0、0.7 和 0.3 评分标准。每个 KR 的评分标准都在 KR 定义时就给出。在进行第一次季度中期回顾时，我们并没有正式对每个 KR 进行评分。我们只简单地通过让每个团队标识一下状态是"绿色"或"红色"，并让 KR 责任人简要谈谈开展情况即可。在季度末时我们才会正式对每一个 KR 进行评分。

你们对 OKR 的数量有限制吗？

我们的要求是每人 2~4 个 Objective，每个 Objective 下 3~5 个 KR。一些规模较小的团队只有 1 个 Objective 和 1~2 个 KR。更大的团队可能会更多一些。

一次 OKR 制定过程需要花多长时间？

我们进行得非常快，大概 18 天！

谁在持续管理 OKR 流程？

我在管理。

你们把 OKR 推行到组织的较低层级了吗？

我们推行到了团队/部门层级，还没有在个人层级开展 OKR（第 2 季度我们正在我所在团队试点个人 OKR）。

在组织内你们采用何种方案和大家沟通和培训 OKR？

我们已经采用了一些方法：

❏ 在每季度开始时召开全员大会以评审上一季度结果达成情况，

并推出下一季的 OKR。
- 在季度中期召开全体员工大会评审 OKR 进展情况。
- 全公司范围内通过谷歌表格共享 OKR，让每个人都可见。
- 当新员工进入公司时，教新员工有关 OKR 的知识。
- 高管团队会每周回顾 OKR 开展情况，并通过共享文档更新完成状态。

如何确保所有 OKR 间的一致性？

在 OKR 起草过程中，我们和其他团队一起找出相关的依赖关系。如果这种依赖很强，我们要确保在 OKR 中有所体现。每个季度我还会和 CEO、CFO 一起评审所有团队层面的 OKR，以确保它们与我们最希望完成的事项对齐一致。

团队如何报告和评估 OKR 结果？

公司管理团队会每周例行审视 OKR 进展情况。团队领导要在这个会上更新他们团队的 OKR 进展。

你们使用 OKR IT 工具了吗？

没有。我们只用谷歌文档（Google Docs）和谷歌表格。

你们有（或者曾经）考虑过将 OKR 与薪酬挂钩吗？为什么？

没有考虑过。我们希望用 OKR 激发大家的创意。他们都很有抱负，我们不希望人们因为考虑一件事情对他们薪酬的影响而导致思维被局限住。我们相信，通过激励去刺激大家努力和 OKR 精神是背道而驰的，它对 OKR 开展效果有负面影响。

你们有将 OKR 与绩效评价挂钩吗？为什么？

没有。这对我们而言是一个全新的课题。我们最大的目标是让 OKR 成为我们文化中不可或缺的一部分，让团队喜欢这套方法，让他们看到他们给公司创造的价值。如果将 OKR 同绩效评价关联，会使得我们的管理更复杂，正如将 OKR 和激励绑定在一起一样有害。

OKR 给你们带来了什么具体收益？

OKR 给我们带来的收益有：

- 理清哪些工作才是我们最重要的工作。
- 更注重执行。
- 使我们所聚焦的事情更加透明。
- 强化了基于结果的责任意识。
- 进展更加可量化。
- 让大家围绕雄心勃勃的 KR 团结一致地去努力。
- 强化了我们企业文化。

如何确保 OKR 能持续开展下去？

高管层面的每周状态审视为全公司 OKR 的开展定下了基调。由于我们使用的是谷歌表格，我们能看到谁在访问 OKR 文档，经常会有人打开文件审视这些 OKR。我们的董事会报告也是用 OKR 来做沟通的。全员一起开展的季度中期审视，以及季度末的 OKR 评分，都有效地确保了我们 OKR 的正常推进。鉴于我们在快速增长，因此让新人在加入公司时就掌握 OKR 对我们而言意义重大。未来我们所面临的挑战是，在 OKR 开展过程越来越例行化的情况下，如何才能持续不断地激发我们的潜能，依然雄心勃勃？

在你们实施 OKR 的过程中有何意外之处？

要写出一个好的 KR 特别难。KR 就像是一门艺术。理论上很简单，但实践起来比预期的要困难得多，学习成本也较高。但这是值得的。当我们完成 OKR 后，对如下几个方面的思考会更加深入：

- 要达成哪些结果？

❑ 如何衡量成功与否？

❑ 如何提升我们的责任感？

如果再做一次，你会有哪些不同的做法？

我会在 12 月份启动第一季度的 OKR 制定工作，而不是在 1 月中旬才这样做。因为这样我们就无法在 1 月底定稿我们的 OKR。一般来说，越早定稿 OKR 会越好。

你们会推荐其他公司应用 OKR 吗？为什么？

绝对会！正如我在回答第一个问题时所指出的那样，现在我们的工作比以前严谨多了。你可以定义出你最重要的工作和关键结果，并对所有人公开并全程跟踪。评分也特别有价值。无可否认这可能看上去有点古怪，但能提前规划一个季度的工作的感觉真的很棒，这让我们能事先定义好大家都认同的评分标准，以更客观的方式去做事。总之，我们在 OKR 上取得的成功是有目共睹的。

Taxslayer 公司

Taxslayer 的个人所得税报税业务可追溯自 1965 年，目前它已演变成一家创新的报税和备案软件开发公司，但仍保持着对家庭业务、员工、客户和社区的最初承诺。如今，该公司每年能完成数以百万计的联邦和各州的纳税申报。公司策划部总监德文·谢尔曼（Devin Sherman）向我们分享了他们的 OKR 实现情况。

为什么要引入 OKR？你们考虑过其他替代方案吗？

我们一直在寻找一个目标管理框架，以帮助我们规划和开展工作。我们原来的做法是采用一种 SMART 方法去设定每年的年度目标，仅此而已。但是，我们从来没有专注于目标以及要达到的结果上。OKR

对我们意义深远。该模型可以让我们在工作中更有责任感，能很好地平衡短期紧急事件和长远规划间的关系，专注于真正重要的事情上。当时我们还考虑过另外一个系统，即 KPI/ 平衡计分卡。

谁发起的 OKR（你们是如何关注到它的）？

在看完谷歌风投公司发布的 OKR 视频之后，我又做了其他一些研究，然后在 2015 年将 OKR 引入到了我们公司。我和公司总裁及产品副总裁做了一次交流，向他们介绍了 OKR 的历史、这套模型是如何在英特尔诞生的、使用 OKR 的简洁性、OKR 究竟是什么，以及 Taxslayer 如何才能真正地从中受益。

谁在为这个项目提供赞助？

我赞助了这个项目。

你们在哪个层面实施 OKR？公司层面还是业务单元层面，为什么？

刚开始时，我们认为最佳选择是在公司层级和部门层级开展。我们想等到管理层真正理解了 OKR 后再将其推行到员工层面。

你们制定 OKR 的过程是什么？通过培训、务虚会，还是研讨会等？

一开始，我们和即将创建 OKR 的产品部门以及其他一些具体部门一起举行了一场务虚会，共做了 7 次研讨。我们认为 OKR 教练的帮助很重要，于是我们邀请了本。

我们希望总监们能来到研讨会现场，讨论他们今年的年度目标。所以，我单独找了他们，让他们起草一份部门层面的 OKR 草案，以在务虚会上评审并进一步完善。

务虚会之后，我再次找到每个总监，以促成部门 OKR 的最终定稿（含 KR 以及评分标准）。然后我们在 3 月底召开了一次全员大会（正好在我们年度目标开始的 4 月 1 日前）。我们通过这个会议向大家展示了部门的全年计划，告诉大家它是什么，以及我们如何衡量自己（的责任）。

你们使用的是谷歌的 OKR 模型吗？是否对它做过适当的定制以适配你们组织？

我认为我们基本上用的还是谷歌的模型。唯一的区别是，我们在公司层面和部门层面都制定有年度 OKR。我们的季度 OKR 是用来达成年度 OKR 的。

如何确保你们的 OKR 反映组织的战略，以便让大家专注于做正确的事情？

我们正快速扩展我们的业务。如果 OKR 能带来增长和收入，那么我们就必须问为什么，以及这样的结果对我们有何启发。每个人都明白他们的 OKR 就是他们正在做的最重要的事，这些事应该正在助力公司前进。

你们如何进行 OKR 评分？

评分对我们使用 OKR 至关重要，我相信我们的领导也同意这一点。在制定 KR 时，我们用评分来设定我们的期望以及挑战程度，促使大家围绕"什么才会挑战、什么不挑战"这个主题进行大量交流和辩论，就各种指标和措施同相关团队深入交流并达成一致，这一点对我们非常有帮助。

你们对 OKR 的数量有限制吗？

我们遵循每人 3~5 个 Objective、每个 Objective 下 2~4 个 KR 的业界最佳实践，但也允许出现一些必要的例外。在大多数情况下，每个人都会只设定那些最重要的 Objective 和 KR。

一次 OKR 制定过程需要花多长时间？

我们大约花了一个月的时间进行"OKR 研讨会预规划"。我同各部门负责人会面，解释我们计划实施哪些 OKR，希望每个部门的 OKR 草案规划到何种程度，以及哪些 OKR 将会在接下来的研讨会上确定下来。从召开这些会议，到我们真正完成 OKR 初稿并公示，大概用了 2 个月的时间。

谁在持续管理 OKR 流程？

作为企业策划总监，我的职责就是专注于两件事情：应用 OKR（或短期规划）来驱动短期执行，并开展 3～5 年的长期战略规划。

你们把 OKR 推行到组织的较低层级了吗？

暂时还没有。我们准备在公司层面和部门层面先实施一年，等拥有足够的经验之后再将其推行到员工层面。不过，鉴于不少科技公司已经取消了个人层面 OKR 的实施，以更好地确保在团队层面的专注度，我们可能会审慎考虑是否还要这样做。

在组织内你们采用何种方案和大家沟通和培训 OKR？

目前我们通过公司月度例会向全公司传达 OKR 相关信息。未来我想用一些内部的微软 365 工具以及反馈网站来帮助大家更好地使用 OKR。

如何确保所有 OKR 间的一致性？

我们会在表格的显著位置标记出同公司 Objective 的对齐关系，以及各部门间的跨职能对齐关系。

团队如何报告和审查 OKR 结果？

每个总监可以通过 OKR 周状态报告邮件向高管团队报告其 OKR 进展，同时我们也有季度中期审视。我和每个部门总监还有一个 OKR 月末交流活动，以审视并快速刷新 OKR 状态。

你们使用 OKR IT 工具了吗？

目前我们使用的 IT 工具就是微软 Excel 和 PowerPoint，并用 OneDrive 来存放我们的文档和主要的电子表格。我们想等我们真正了解了 OKR 是什么以及如何写出一份优秀的 OKR 后，再寻求可能的软件解决方案来帮助我们管理这个过程。

你们有（或者曾经）考虑过将 OKR 与薪酬挂钩吗？为什么？

我们还没有考虑过。

你们有将 OKR 与绩效评价挂钩吗？为什么？

到今年年底，OKR 将成为公司经理的季度绩效评价的一部分，评价他们使用 OKR 的情况。他们是否真正采用了 OKR？他们是否充分发挥出了 OKR 的最大潜能？他们是否与他们的团队交流？他们团队是否进步了？等等。

OKR 给你带来了什么具体收益？

我认为我们达成的收益主要有：

- 沟通变多了：OKR 迫使我们开展更多的沟通；
- 责任意识提升到了一个新高度：我们事先通过评分设定我们的期望值，这明显地将管理者的思维模式转变到了以结果为导向上。

如何确保 OKR 能持续开展下去？

在管理团队，我们让 OKR 变得更有趣和更具互动性。例如，它可以是为期两天的外出务虚规划会议，在这个会上我们会完成约 80% 的 OKR 制定工作。我认为这也是一个思维转变的过程。我们会想出最好的方式去奖励好的结果，并一起庆祝。

在你们实施 OKR 的过程中有何意外之处？

目前还没有特别觉得意外之处，但当我们看到 OKR 打分结果时，偶尔也会觉得很意外。还有就是当我们明白了 KR 和任务间的差异时也觉得很惊诧。这可能有一点夸张，但事前制定评分标准确实让我们觉得太震撼了，这也是我们从研讨会中收到的一个共性反馈。这不仅可以用于总裁管理我们的期望，也可以用于管理者管理他们下属的期望。如果大家对数字有异议，可以在会上提出来进行充分讨论。

能够区分任务和 KR 之间的差别也让我们觉得特别意外。过去我们疲于应付各种任务和具体行动，并没有真正专注在那些我们期望达成的 KR 上来。

如果再做一次，你会有哪些不同的做法？

对齐！在召开务虚会之前，我们并没有真正明确公司层面的 OKR，这让我们无法真正同公司层面 OKR 对齐一致。我们也没有强制要求大家在研讨会上实现跨部门对齐。所以我应该确保各团队之间就依赖关系进行了必要的沟通，同时也要意识到部分工作仅仅是例行支持性工作而非 KR。下一次我们再做 OKR 时，我们会在会前事先完成对齐检查，然后再召开这个会议。

你们会推荐其他公司应用 OKR 吗？为什么？

一定会。这套框架历史悠久，不是才兴起的管理时髦。谷歌已经使用 OKR 超过 20 年了，英特尔也仍在使用它。如果你想让员工专注于结果的达成和做正确的事，那么你就应该使用 OKR。在 OKR 的帮助下，员工将更加专注和努力，每隔 30～90 天就会给你一个反馈。但如果你只是想把工作从你的待办清单中划掉，仅仅是让你的员工看起来很忙而不知道方向，那么你就别用 OKR 了。

注释

1. 请读者注意：当我们向所有受访者问及同样的问题时，并非每个人都回答了所有问题。此外，为了让回复更清晰，一些回答被适当编辑过。当然，所有的编辑随后都征得了受访者的认可。

推荐阅读

OKR：源于英特尔和谷歌的目标管理利器
ISBN：978-7-111-57287-9

OKR教练实战手册
ISBN：978-7-111-70537-6

绩效使能：超越OKR
ISBN：978-7-111-61897-3

真OKR
ISBN：978-7-111-71732-4

OKR完全实践
ISBN：978-7-111-65886-3